智能网联汽车
先进驾驶辅助系统
关键技术

崔胜民　俞天一　王赵辉　编著

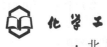

·北京·

本书全面系统地介绍了智能网联汽车先进驾驶辅助系统关键技术，包括智能网联汽车环境感知技术、前向碰撞预警技术、车道偏离预警技术、盲区监测技术、车道保持辅助技术、自适应巡航控制技术、自主换道技术以及交叉口通行协同控制技术等。本书内容新颖，条理清晰，通俗易懂，实用性强。

本书可供从事汽车行业的工程技术人员及相关专业的本科生、研究生参考，也可供智能网联汽车爱好者阅读。

图书在版编目（CIP）数据

智能网联汽车先进驾驶辅助系统关键技术/崔胜民，俞天一，王赵辉编著．—北京：化学工业出版社，2019.3（2023.1重印）
ISBN 978-7-122-33613-2

Ⅰ.①智… Ⅱ.①崔…②俞…③王… Ⅲ.①汽车-智能通信网-自动驾驶系统-辅助系统-研究　Ⅳ.①U463.67

中国版本图书馆 CIP 数据核字（2019）第 001544 号

责任编辑：陈景薇　　　　　　　　　　文字编辑：冯国庆
责任校对：张雨彤　　　　　　　　　　装帧设计：王晓宇

出版发行：化学工业出版社（北京市东城区青年湖南街13号　邮政编码100011）
印　　装：北京科印技术咨询服务有限公司数码印刷分部
787mm×1092mm　1/16　印张 11½　彩插 4　字数 297 千字　2023 年 1 月北京第 1 版第 6 次印刷

购书咨询：010-64518888　　　　　　售后服务：010-64518899
网　　址：http://www.cip.com.cn
凡购买本书，如有缺损质量问题，本社销售中心负责调换。

定　　价：59.00 元　　　　　　　　　　　　　　　　　　　　版权所有　违者必究

前言
Preface

《中国制造 2025》《汽车产业中长期发展规划》都明确提出以智能网联汽车为突破口,实现汽车产业转型升级。先进驾驶辅助系统是智能网联汽车的重要组成部分,要突破其关键技术,促进智能网联汽车快速发展。

本书全面系统地介绍了智能网联汽车先进驾驶辅助系统的关键技术。全书共分九章,第一章介绍了智能网联汽车定义与分级、系统结构、标准体系、发展目标和重点以及先进驾驶辅助系统的定义、类型、配置;第二章介绍了智能网联汽车环境感知技术,包括环境感知定义、方法、组成以及超声波传感器、毫米波雷达、激光雷达、视觉传感器、V2X 技术;第三章介绍了智能网联汽车前向碰撞预警技术,包括前向碰撞预警系统定义、组成、工作原理以及障碍物距离信息获取与处理、前向碰撞预警算法、前向碰撞预警系统仿真、前向碰撞预警系统应用实例;第四章介绍了智能网联汽车车道偏离预警技术,包括车道偏离预警系统定义、组成、工作原理以及车道线信息获取与处理、车道偏离预警算法、基于单目视觉传感器的车道线识别、车道偏移预警系统仿真、车道偏离预警系统应用实例;第五章介绍了智能网联汽车盲区监测技术,包括盲区监测系统定义、功能、要求、组成、原理以及盲区信息的获取与处理、基于视觉传感器的盲区监测算法、基于毫米波雷达的盲区监测算法、盲区监测系统应用实例;第六章介绍了智能网联汽车车道保持辅助技术,包括车道保持辅助系统定义、组成、工作原理以及汽车横向动力学模型、车道保持控制算法、车道保持辅助系统仿真、车道保持辅助系统应用实例;第七章介绍了智能网联汽车自适应巡航控制技术(ACC),包括汽车 ACC 系统定义、组成、工作原理、作用、工作模式以及 ACC 系统动力学模型、安全车距模型、ACC 系统控制算法、ACC 系统仿真、ACC 系统应用实例;第八章介绍了智能网联汽车自主换道技术,包括自主换道技术构成、自主换道实现、自主换道作用以及 V2V 技术、自主换道决策模型、自主换道控制仿真;第九章介绍了智能网联汽车交叉口通行协同控制技术,包括交叉口通行现状、交叉口通行效率提升解决方案、交叉口通行协同控制系统组成、交叉口通行协同控制技术原理以及交叉口通行协同控制方法、交叉口通行协同控制仿真。

在本书编写过程中,引用了一些网上资料和图片以及参考文献中的部分内容,特向其作者表示深切的谢意。

由于笔者学识有限,书中不足之处在所难免,恳盼读者给予指正。

编著者

目录

第一章　绪论 …… 1
第一节　智能网联汽车定义与分级 …… 1
第二节　智能网联汽车结构 …… 5
第三节　智能网联汽车标准体系 …… 10
第四节　智能网联汽车发展目标和重点 …… 13
第五节　智能网联汽车先进驾驶辅助系统 …… 14

第二章　智能网联汽车环境感知技术 …… 19
第一节　概述 …… 19
第二节　超声波传感器 …… 24
第三节　毫米波雷达 …… 27
第四节　激光雷达 …… 32
第五节　视觉传感器 …… 37
第六节　V2X技术 …… 42

第三章　智能网联汽车前向碰撞预警技术 …… 49
第一节　概述 …… 49
第二节　障碍物距离信息获取与处理 …… 50
第三节　前向碰撞预警算法 …… 52
第四节　前向碰撞预警系统仿真 …… 58
第五节　前向碰撞预警系统应用实例 …… 60

第四章　智能网联汽车车道偏离预警技术 …… 62
第一节　概述 …… 62
第二节　车道信息获取与处理 …… 64
第三节　车道偏离预警算法 …… 71
第四节　基于单目视觉传感器的车道线识别 …… 73
第五节　车道偏离预警系统仿真 …… 77
第六节　车道偏离预警系统应用实例 …… 79

第五章　智能网联汽车盲区监测技术 …… 81
第一节　概述 …… 81

  第二节 盲区信息获取与处理 ·· 83
  第三节 基于视觉传感器的盲区监测算法 ································ 87
  第四节 基于毫米波雷达的盲区监测算法 ································ 91
  第五节 盲区监测系统应用实例 ·· 96

第六章 智能网联汽车车道保持辅助技术 ······································ 99
  第一节 概述 ·· 99
  第二节 汽车横向动力学模型 ·· 101
  第三节 车道保持控制算法 ·· 102
  第四节 车道保持辅助系统仿真 ·· 110
  第五节 车道保持辅助系统应用实例 ···································· 115

第七章 智能网联汽车自适应巡航控制技术 ································ 117
  第一节 概述 ·· 117
  第二节 自适应巡航控制系统动力学模型 ···························· 122
  第三节 汽车安全车距模型 ·· 125
  第四节 自适应巡航系统控制技术 ······································ 129
  第五节 自适应巡航控制系统仿真 ······································ 137
  第六节 自适应巡航控制系统应用实例 ································ 142

第八章 智能网联汽车自主换道技术 ·· 144
  第一节 概述 ·· 144
  第二节 V2V 技术 ·· 147
  第三节 自主换道决策模型 ·· 149
  第四节 自主换道控制仿真 ·· 153

第九章 智能网联汽车交叉口通行协同控制技术 ·························· 160
  第一节 概述 ·· 160
  第二节 交叉口通行协同控制方法 ······································ 167
  第三节 交叉口通行协同控制仿真 ······································ 174

参考文献 ·· 177

第一章 绪论

随着全球汽车保有量的快速增长,能源短缺、环境污染、交通拥堵、事故频发等现象日益突出,成为汽车产业可持续健康发展的限制因素。《中国制造 2025》将智能网联汽车列为重点发展方向之一;《汽车产业中长期发展规划》明确提出以智能网联汽车为突破口,实现汽车产业转型升级;《智能网联汽车技术发展路线图》明确提出我国智能网联汽车发展的目标。

第一节 智能网联汽车定义与分级

一、智能网联汽车定义

智能网联汽车(Intelligent Connected Vehicle,ICV)是搭载先进的车载传感器、控制器、执行器等装置,并融合现代通信与网络技术,实现 V2X(X:车、路、行人及云端等)智能信息交换共享,具备复杂的环境感知、智能决策、协同控制和执行等功能,可实现安全、舒适、节能、高效行驶,并最终可替代驾驶员来操作的新一代汽车,如图 1-1 所示。

图 1-1 智能网联汽车

智能网联汽车可以从3个维度进行剖析,即"智能""网联""汽车"。"智能"是指搭载先进的车载传感器、控制器、执行器等装置和车载系统模块,具备复杂环境感知、智能化决策和控制等功能;"网联"主要指信息互联共享能力,即通过通信与网络技术,实现车辆内部、车辆与车辆、车辆与基础设施、车辆与行人、车辆与云端的信息交互;"汽车"是智能终端载体的外观形态,可以是燃油汽车,也可以是新能源汽车,未来以新能源汽车为主。

智能网联汽车的主要判断依据为是否存在V2X通信功能,如果不存在,则不是真正意义上的智能网联汽车。

智能网联汽车可以提供更安全、更节能、更环保、更便捷的出行方式和综合解决方案,是国际公认的未来发展方向和关注焦点。

智能网联汽车、智能汽车、无人驾驶汽车与车联网、智能交通系统有密切相关性,但没有明显分界线,如图1-2所示,它们具有以下关系。

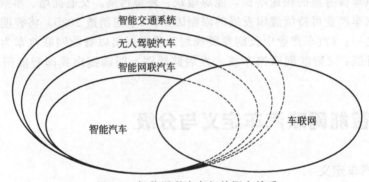

图1-2 智能网联汽车相关概念关系

① 智能网联汽车是智能交通系统中的智能汽车与车联网交集的产品。

② 智能网联汽车是车联网的重要组成部分,智能网联汽车的技术进步和产业发展有利于支撑车联网的发展。

③ 车联网是智能网联汽车、智能汽车的最重要载体,只有充分利用互联技术才能保障智能网联汽车真正拥有充分的智能和互联。

④ 智能网联汽车的聚焦点是在车上,发展方向是自动驾驶,发展重点是提高汽车行驶安全性。

⑤ 车联网的聚焦点是建立一个比较大的交通体系,发展重点是给交通参与者提供信息服务,其终极目标是智能交通系统。

⑥ 智能汽车和智能网联汽车发展的终极目标是无人驾驶汽车。

二、智能网联汽车分级

智能网联汽车分为智能化分级和网联化分级。

1. 智能网联汽车智能化分级

在智能化方面,美国汽车工程师学会(SAE)对自动驾驶的分级见表1-1。

表1-1 SAE对自动驾驶的分级

分级	L0	L1	L2	L3	L4	L5
称呼	无自动化	驾驶支持	部分自动化	有条件自动化	高度自动化	完全自动化

续表

分级		L0	L1	L2	L3	L4	L5
定义		由驾驶员全权驾驶汽车,在行驶过程中可以得到警告	通过驾驶环境对转向盘和加减速中的一项操作提供支持,其余由驾驶员操作	通过驾驶环境对转向盘和加减速中的多项操作提供支持,其余由驾驶员操作	由无人驾驶系统完成所有的驾驶操作,根据系统要求,驾驶员提供适当的应答	由无人驾驶系统完成所有的驾驶操作,根据系统要求,驾驶员不一定提供所有的应答;限定道路和环境	由无人驾驶系统完成所有的驾驶操作,在可能的情况下,驾驶员接管;不限定道路和环境条件
主体	驾驶操作	驾驶员	驾驶员/系统	系统			
	周边监控	驾驶员			系统		
	支援	驾驶员				系统	
	系统作用域	无	部分			全域	

我国以较权威的美国 SAE 分级定义为基础,并考虑我国道路交通情况的复杂性,加入了对应级别下智能系统能够适应的典型工况特征,智能网联汽车智能化分级划分 5 个等级,见表 1-2。

表 1-2 智能网联汽车智能化等级

智能化等级	等级名称		等级定义	控制	监视	失效应对	典型工况
1	辅助驾驶(DA)	人监控驾驶环境	系统根据环境信息对行驶方向和加减速中的一项操作提供支援,其他驾驶操作由驾驶员完成	驾驶员与系统	驾驶员	驾驶员	车道内正常行驶,高速公路无车道干涉路段,停车工况
2	部分自动驾驶(PA)		系统根据环境信息对行驶方向和加减速中的多项操作提供支援,其他驾驶操作都由驾驶员完成	驾驶员与系统	驾驶员	驾驶员	高速公路及市区无车道干涉路段,换道、环岛绕行、拥堵跟车等工况
3	有条件自动驾驶(CA)	自动驾驶系统监控驾驶环境	由自动驾驶系统完成所有驾驶操作,根据系统请求,驾驶员需要提供适当的干预	系统	系统	驾驶员	高速公路正常行驶工况,市区无车道干涉路段
4	高度自动驾驶(HA)		由自动驾驶系统完成所有驾驶操作,在特定环境下系统会向驾驶员提出响应请求,驾驶员可以对系统请求不进行响应	系统	系统	系统	高速公路全部工况及市区有车道干涉路段
5	完全自动驾驶(FA)		自动驾驶系统可以完成驾驶员能够完成的所有道路环境下的操作,不需要驾驶员介入	系统	系统	系统	所有行驶工况

1级辅助驾驶包括自适应巡航控制、车道偏离预警、车道保持、自动刹车、辅助泊车等。

2级部分自动驾驶包括车道内自动驾驶、换道辅助、全自动泊车等。

3级有条件自动驾驶包括高速公路自动驾驶、城郊公路自动驾驶、协同式队列行驶、交叉口通行辅助等。

4级高度自动驾驶包括堵车辅助系统、高速公路自动驾驶系统和泊车引导系统等。

5级完全自动驾驶的实现将意味着自动驾驶汽车真正驶入人们的生活,也将使驾驶员从根本上得到解放。驾驶员可以在车上从事其他活动,如上网、办公、娱乐和休息等。

智能化等级越高,智能网联汽车自动化程度就越高。目前,已经量产的汽车产品的智能化水平基本停留在1级和2级水平,部分实验室阶段的产品只能达到3级和4级水平,基本没有产品达到5级水平。完全自动驾驶汽车还要受到政策、法律等相关条件的制约,真正量产还任重而道远。

2. 智能网联汽车网联化分级

在网联化层面,按照网联通信内容的不同,将智能网联汽车划分为3个等级,见表1-3。

表1-3 智能网联汽车网联化等级

网联化等级	等级名称	等级定义	控制	典型信息	传输需求
1	网联辅助信息交互	基于车-路、车-后台通信,实现导航等辅助信息的获取以及车辆行驶数据与驾驶员操作等数据的上传	驾驶员	图、交通流量、交通标志、油耗、里程、驾驶习惯等	传输实时性、可靠性要求较低
2	网联协同感知	基于车-车、车-路、车-人、车-后台通信,实时获取车辆周边交通环境信息,与车载传感器的感知信息融合,作为自车决策与控制系统的输入	驾驶员与系统	周边车辆、行人、非机动车位置、信号灯相位、道路预警等信息	传输实时性、可靠性要求较高
3	网联协同决策与控制	基于车-车、车-路、车-人、车-后台通信,实时并可靠获取车辆周边交通环境信息及车辆决策信息,车-车、车-路等各交通参与者之间信息进行交互融合,形成车-车、车-路等各交通参与者之间的协同决策与控制	驾驶员与系统	车-车、车-路之间的协同控制信息	传输实时性、可靠性要求最高

网联化等级越高,智能网联汽车网联化程度越高。目前,已经量产的汽车产品的网联化水平最高停留在1级水平,部分实验室阶段的产品只能达到2级,基本没有产品达到3级水平。

无论怎样分级,从驾驶员对车辆控制权来看,都可以分为驾驶员拥有车辆全部控制权、驾驶员拥有车辆部分控制权、驾驶员不拥有车辆控制权三种形式,如图1-3所示。其中驾驶员拥有车辆部分控制权时,根据车辆先进驾驶辅助系统(Advanced Driver Assistance Systems, ADAS)的配备和技术成熟程度,决定驾驶员拥有车辆控制权的多少,ADAS装备越多,技术越成熟,驾驶员拥有车辆控制权越少,车辆自动驾驶程度越高。

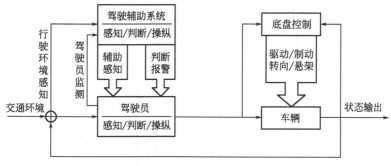

(a) 驾驶员拥有车辆全部控制权

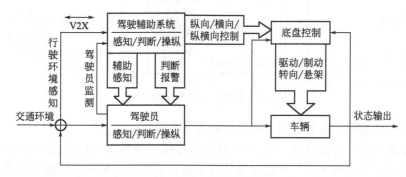

(b) 驾驶员拥有车辆部分控制权

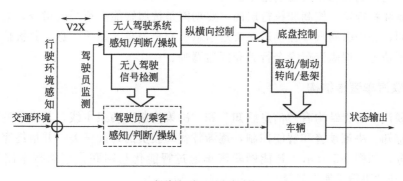

(c) 驾驶员不拥有车辆控制权

图 1-3 驾驶员对车辆控制权的形式

第二节 智能网联汽车结构

智能网联汽车可以从不同的角度分析其结构。

一、智能网联汽车结构层次

智能网联汽车是以汽车为主体,利用环境感知技术实现多车辆有序安全行驶,通过无线通信网络等手段为用户提供多样化信息服务。智能网联汽车由环境感知层、智能决策层以及控制和执行层组成,如图 1-4 所示。

(1) 环境感知层 环境感知层的主要功能是通过车载环境感知技术、卫星定位技术、4G/5G 及 V2X 无线通信技术等,实现对车辆自身属性和车辆外在属性(如道路、车辆和行

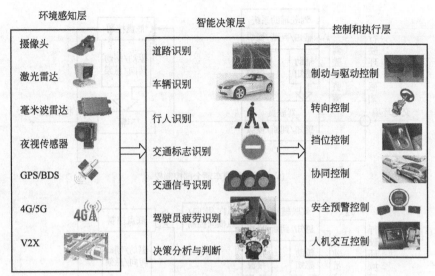

图 1-4 智能网联汽车结构层次

人等）静、动态信息的提取和收集，并向智能决策层输送信息。

(2) 智能决策层　智能决策层的主要功能是接收环境感知层的信息并进行融合，对道路、车辆、行人、交通标志和交通信号等进行识别，决策分析和判断车辆驾驶模式及将要执行的操作，并向控制和执行层输送指令。

(3) 控制和执行层　控制和执行层的主要功能是按照智能决策层的指令，对车辆进行操作和协同控制，并为联网汽车提供道路交通信息、安全信息、娱乐信息、救援信息以及商务办公、网上消费等，保障汽车安全行驶和舒适驾驶。

二、智能网联汽车逻辑结构

智能网联汽车逻辑结构有"信息感知"和"决策控制"两条主线，其发展的核心是由系统进行信息感知、决策预警和智能控制，逐渐替代驾驶员的驾驶任务，并最终完全自主执行全部驾驶任务，如图 1-5 所示。智能网联汽车通过智能化与网联化两条技术路径协同实现"信息感知"和"决策控制"功能。

(1) 信息感知　在信息感知方面，根据信息对驾驶行为的影响和相互关系分为"驾驶相关类信息"和"非驾驶相关类信息"。其中，"驾驶相关类信息"包括传感探测类和决策预警类；"非驾驶相关类信息"主要包括车载娱乐服务和车载互联网信息服务。传感探测类又可根据信息获取方式进一步细分为依靠车辆自身传感器直接探测所获取的信息（自身探测）和车辆通过车载通信装置从外部其他节点所接收的信息（信息交互）。"智能化＋网联化"相融合可以使车辆在自身传感器直接探测的基础上，通过与外部节点的信息交互，实现更加全面的环境感知，从而更好地支持车辆进行决策和控制。

(2) 决策控制　在决策控制方面，根据车辆和驾驶员在车辆控制方面的作用及职责，区分为"辅助控制类"和"自动控制类"，分别对应不同等级的决策控制。其中，辅助控制类主要指车辆利用各类电子技术辅助驾驶员进行车辆控制，如横向控制和纵向控制及其组合，可分为驾驶辅助（DA）和部分自动驾驶（PA）；自动控制类则根据车辆自主控制以及替代驾驶员进行驾驶的场景和条件进一步细分为有条件自动驾驶（CA）、高度自动驾驶（HA）和完全自动驾驶（FA）。

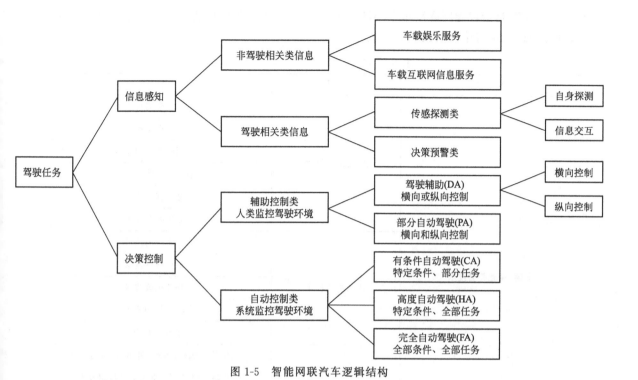

图 1-5 智能网联汽车逻辑结构

三、智能网联汽车技术结构

智能网联汽车涉及汽车、信息通信、交通等多领域技术,其技术结构较为复杂,可划分为"三横两纵"式技术结构,如图 1-6 所示。

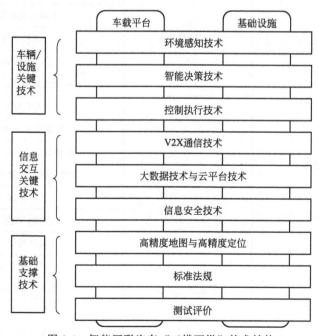

图 1-6 智能网联汽车"三横两纵"技术结构

"三横"是指智能网联汽车主要涉及的车辆、信息交互与基础支撑三大领域技术,它可再细分为第二层与第三层技术,见表1-4。

表1-4 智能网联汽车"三横"技术体系

第一层	第二层	第三层
车辆/设施关键技术	环境感知技术	雷达探测技术
		机器视觉技术
		车辆姿态感知技术
		乘员状态感知技术
		协同感知技术
		信息融合技术
	智能决策技术	行为预测技术
		态势分析技术
		任务决策技术
		轨迹规划技术
		行为决策技术
	控制执行技术	关键执行机构(驱动/制动/转向/悬架)
		车辆纵向/横向/垂向运动控制技术
		车间协同控制技术
		车路协同控制技术
		智能电子电气架构
信息交互关键技术	V2X通信技术	车辆专用短程通信技术
		车载无线射频通信技术
		LTE-V通信技术
		移动自组织网络技术
		面向智能交通的5G通信技术
	大数据技术	非关系型数据库技术
		数据高效存储和检索技术
		车辆数据关联分析与挖掘技术
		驾驶员行为数据分析与应用技术
	云平台技术	信息服务平台
		安全/节能决策平台
	信息安全技术	车载终端信息安全技术
		手持终端信息安全技术
		路侧终端信息安全技术
		网络信息安全技术
		数据平台信息安全技术

续表

第一层	第二层	第三层
基础支撑技术	高精度地图	三维动态高精度地图
	高精度定位	卫星定位技术
		惯性导航与航迹推算技术
		通信基站定位技术
		协作定位技术
	基础设施	路侧设施与交通信息网络建设
	车载硬件平台	通用处理平台/专用处理芯片
	车载软件平台	交互终端操作系统
		车辆控制器操作系统/共用软件基础平台
	人机工程	人机交互技术
		人机共驾技术
	整车安全架构	整车网络安全架构
		整车安全功能架构
	标准法规	标准体系与关键标准
	测试评价	测试场地规划与建设
		测试评价方法
	示范应用	示范应用与推广

"两纵"是指智能网联汽车涉及的车载平台和基础设施,其中基础设施是指除了车载平台外,支撑智能网联汽车发展的所有外部环境条件,如道路、交通、通信网络等。

智能网联汽车需要车路协同、车路一体化,在智能网联汽车的推动下,道路等基础设施将逐渐向电子化、信息化、智能化方向发展。

四、智能网联汽车产品物理结构

智能网联汽车产品物理结构是把逻辑结构所涉及的各种"信息感知"与"决策控制"功能落实到物理载体上。车辆控制系统、车载终端、交通设施、外接设备等按照不同的用途,通过不同的网络通道、软件或平台对采集或接收到的信息进行传输、处理和执行,从而实现不同的功能或应用,如图1-7所示。

(1) 功能/应用层 功能/应用层根据产品形态、功能类型和应用场景,分为车载信息类、先进驾驶辅助类、自动驾驶类以及协同控制类等,涵盖与智能网联汽车相关各类产品所应具备的基本功能。

(2) 软件/平台层 软件/平台层主要涵盖大数据平台、操作系统和云计算平台等基础平台产品,以及资讯、娱乐、导航和诊断等应用软件产品,共同为智能网联汽车相关功能的实现提供平台级、系统级和应用级的服务。

(3) 网络/传输层 网络/传输层根据通信的不同应用范围,分为车内总线通信、车内局域通信、中短程通信和广域通信,是信息传递的"管道"。

(4) 设备/终端层 设备/终端层按照不同的功能或用途,分为车辆控制系统、车载终端、交通设施终端、外接终端等,各类设备和终端是车辆与外界进行信息交互的载体,同时也作为人机交互界面,成为连接"人"和"系统"的载体。

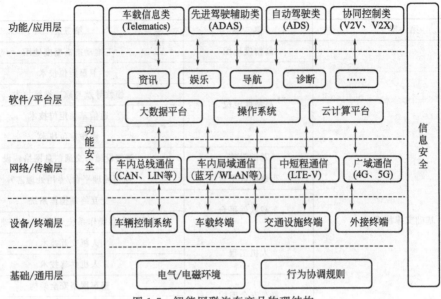

图 1-7　智能网联汽车产品物理结构

(5) 基础/通用层　基础/通用层涵盖电气/电磁环境以及行为协调规则。安装在智能网联汽车上的设备、终端或系统需要利用汽车电源，在满足汽车特有的电气、电磁环境要求下实现其功能；设备、终端或系统间的信息交互和行为协调也应在统一的规则下进行。

此外，产品物理结构中还包括功能安全和信息安全两个重要组成部分，两者作为智能网联汽车各类产品和应用需要普遍满足的基本条件，贯穿于整个产品的物理结构之中，是智能网联汽车各类产品和应用实现安全、稳定、有序运行的可靠保障。

第三节　智能网联汽车标准体系

一、智能网联汽车标准建设目标

根据智能网联汽车技术现状、产业应用需要及未来发展趋势，分阶段建立适应我国国情并与国际接轨的智能网联汽车标准体系。智能网联汽车标准建设目标如图 1-8 所示。

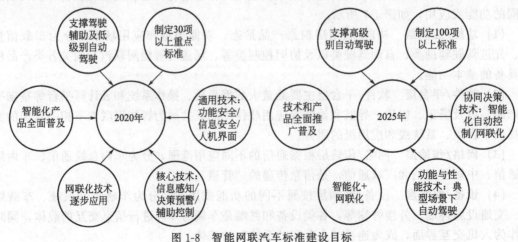

图 1-8　智能网联汽车标准建设目标

到2020年，初步建立能够支撑驾驶辅助及低级别自动驾驶的智能网联汽车标准体系。制定30项以上智能网联汽车重点标准，涵盖功能安全、信息安全、人机界面等通用技术以及信息感知与交互、决策预警、辅助控制等核心功能相关的技术要求和试验方法，促进智能化产品的全面普及与网联化技术的逐步应用。

到2025年，系统形成能够支撑高级别自动驾驶的智能网联汽车标准体系。制定100项以上智能网联汽车标准，涵盖智能化自动控制、网联化协同决策技术以及典型场景下自动驾驶功能与性能相关的技术要求和评价方法，促进智能网联汽车"智能化＋网联化"融合发展，以及技术和产品的全面推广普及。

通过建立完善的智能网联汽车标准体系，引导和推动我国智能网联汽车技术发展和产品应用，培育我国智能网联汽车技术自主创新环境，提升整体技术水平和国际竞争力，构建安全、高效、健康、智慧运行的未来汽车社会。

二、智能网联汽车标准体系框架和内容

智能网联汽车标准体系框架定义为"基础""通用规范""产品与技术应用""相关标准"四个部分，同时根据各具体标准在内容范围、技术等级上的共性和区别，对四部分做进一步细分，形成内容完整、结构合理、界限清晰的14个子类，如图1-9所示。

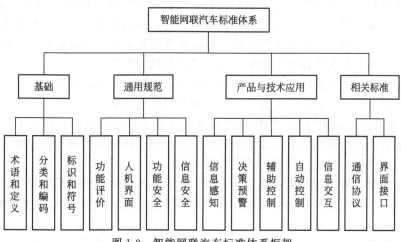

图1-9 智能网联汽车标准体系框架

1. 基础

基础主要包括智能网联汽车术语和定义、分类和编码、标识和符号三类基础标准。

（1）术语和定义 术语和定义标准用于统一智能网联汽车相关的基本概念，为各相关行业协调兼容奠定基础，同时为其他各部分标准的制定提供支撑。

（2）分类和编码 分类和编码标准用于帮助各方统一认识和理解智能网联标准化的对象、边界以及各部分的层级关系和内在联系。

（3）标识和符号 标识和符号标准用于对智能网联汽车中各类产品、技术和功能对象进行标识与解析，为人机界面的统一和简化奠定基础。

2. 通用规范

通用规范类标准从整车层面提出全局性的要求和规范，主要包括功能评价、人机界面、功能安全和信息安全四个方面。

（1）功能评价 功能评价标准主要从整车及系统层面提出智能化、网联化功能评价

规范以及相应的测试评价应用场景，在一定程度上反映对产品和技术应用前景的判断。

(2) 人机界面 人机界面标准主要考虑智能网联汽车产品形态较传统汽车在人机工程、功能信息传递上的差异，同时着重考虑驾驶模式切换等问题，人机界面的优劣与驾驶安全密切相关，同时也会影响驾乘体验和对产品的接受度。

(3) 功能安全 功能安全标准侧重于规范智能网联汽车各主要功能节点及其下属系统在安全性保障能力方面的要求，其主要目的是确保智能网联汽车整体及子系统功能运行的可靠性，并在系统部分或全部发生失效后仍能最大限度地保证车辆安全运行。

(4) 信息安全 信息安全标准在遵从信息安全通用要求的基础上，以保障车辆安全、稳定、可靠运行为核心，主要针对车辆及车载系统通信、数据、软硬件安全，从整车、系统、关键节点以及车辆与外界接口等方面提出风险评估、安全防护与测试评价要求，防范对车辆的攻击、侵入、干扰、破坏和非法使用以及意外事故。

3. 产品与技术应用

产品与技术应用类标准主要涵盖信息感知、决策预警、辅助控制、自动控制和信息交互等智能网联汽车核心技术和应用的功能、性能要求及试验方法，但不限定具体的技术方案，以避免对未来技术创新发展和应用产生制约或障碍。

(1) 信息感知 信息感知是指车辆利用自身搭载的传感器，探测和监控车辆驾乘人员、车辆自身运行情况及周围环境（包括道路、交通设施、其他车辆、行人等交通参与者）等与驾驶相关的信息，覆盖人员状态监测系统、车身传感探测系统、驾驶员视野拓展系统以及传感器、雷达、摄像头等关键部件的功能、性能要求和试验方法。

(2) 决策预警 决策预警是指车辆按照某种逻辑规则对探测和监控的车辆运行情况、周围环境信息等进行处理、分析和决策，判定车辆在发生危险倾向、处于危险状态或达到其他（例如可能危及其他交通参与者）需要提醒驾驶员注意或采取措施时，通过光学、声学及其他易于识别的方式发出报警信号，覆盖车辆前后向行驶、转向等不同行驶工况下的提醒和报警系统及其关键部件的功能、性能要求和试验方法。

(3) 辅助控制 辅助控制类标准覆盖车辆静止状态下的动力传动系统控制、车辆行驶状态下的横向（方向）控制和纵向（速度）控制，以及整车和系统层面的功能、性能要求和试验方法。

(4) 自动控制 自动控制类标准则以城市道路、公路等不同道路条件以及交通拥堵、事故避让、倒车等不同工况下的应用场景为基础，提出车辆功能要求以及相应的评价方法和指标。

(5) 信息交互 信息交互主要指具备网联功能的车辆可在车辆自身传感器探测的基础上，通过车载通信装置与外部节点进行信息交换，为车辆提供更加全面的环境信息，可视作一种特殊的环境感知传感器；未来能够在信息交互的基础上进行网联化协同决策与控制，实现车辆安全、有序、高效、节能运行。该类标准不局限于车辆自身范畴，还涉及交叉口通行支持、违规警告、事故救援等功能和服务，也包括车载通信装置、通信协议及对应的界面接口。

4. 相关标准

相关标准主要包括车辆信息通信的基础——通信协议，主要涵盖实现 V2X（车、路、行人及云端等）智能信息交互的中短程通信、广域通信等方面的协议规范；在各种物理层和不同的应用层之间，还包含软、硬件界面接口的标准规范。

第四节　智能网联汽车发展目标和重点

一、智能网联汽车发展目标

智能网联汽车发展目标见表 1-5。

表 1-5　智能网联汽车发展目标

年份	建设内容	建设目标
2020 年	顶层设计方面	初步形成以企业为主体、市场为导向、"政、产、学、研、用"紧密结合、跨产业协同发展的智能网联汽车自主创新体系
	标准体系和能力方面	初步建立智能网联汽车标准体系法规、自主研发体系、生产配套体系,掌握乘用车及商用车智能驾驶辅助系统关键技术,包括传感器、控制器关键技术,供应能力满足自主规模需求,产品质量达到国际先进水平,产品成本具有市场竞争力,制定中国智能网联汽车数据安全技术标准,缩小与发达国家的差距
	市场应用方面	汽车 DA、PA、CA 新车装配率超过 50%,网联式驾驶辅助系统装配率达到 10%,满足智能交通城市建设需要
	社会效益方面	汽车交通事故减少 30%,交通效率提升 10%,油耗和排放分别降低 5%
2025 年	顶层设计方面	基本建成面向乘用车和商用车的自主智能网联汽车产业链与智慧交通体系
	标准体系和能力方面	建立较为完善的智能网联汽车标准体系法规、自主研发体系、生产配套体系及产业群,掌握自动驾驶系统关键技术,传感器、控制器达到国际先进水平,掌握执行器关键技术,产品质量与价格均具有较强的国际竞争力,拥有供应量在世界排名前十的供应商企业 1 家;实现汽车全生命周期的数字化、网络化、智能化,为汽车产业转型升级奠定基础,完成智能网联汽车的国家信息安全强制认证,在智能汽车领域具备竞争优势
	市场应用方面	汽车 DA、PA、CA 新车装配率达到 80%,其中 PA、CA 级新车装配率达到 25%,HA/FA 级自动驾驶汽车开始进入市场
	社会效益方面	汽车交通事故数减少 80%,普通道路的交通效率提升 30%,油耗和排放分别降低 20%
2030 年	顶层设计方面	建立面向完善的自主智能网联汽车产业链与智能交通体系
	标准体系和能力方面	形成完善的自主智能网联汽车标准法规体系、研发体系和生产配套体系,中国品牌智能网联汽车以及核心零部件企业具备较强国际竞争力,实现产品大规模出口;建立完善的智能交通体系,智能汽车与智能道路间形成高效的协作发展模式
	市场应用方面	汽车 DA 及以上级别的智能驾驶系统成为新车标配,汽车联网率接近 100%,HA/FA 级别驾驶新车装配率达到 10%
	社会效益方面	在部分区域初步形成"零伤亡、零拥堵"的智能交通体系,全国范围内交通事故率、拥堵时间与能耗排放均大幅度降低

二、智能网联汽车发展重点

智能网联汽车发展重点见表 1-6。

表 1-6 智能网联汽车发展重点

类型	发展重点	具体内容
重点产品	基于网联的车载智能信息服务系统	在现有远程信息服务系统基础上,为驾驶和出行提供交通、资讯、车辆运行状态及智能控制等信息服务,突出信息化和人机交互升级;逐步普及远程通信功能,部分实现 V2X 短程通信功能,信息可用于智能化控制
	驾驶辅助级智能汽车	制定中国版智能驾驶辅助标准,基于车载传感实现智能驾驶辅助,可提醒驾驶员、干预车辆,突出安全性、舒适性和便利性,驾驶员对车辆应保持持续控制
	部分或高度自动驾驶级智能汽车	制定中国版乘用车城市智能驾驶标准和高速公路智能驾驶标准;乘用车逐步实现部分自动或高度自动驾驶,突出舒适性、便利性、高效机动性和安全性,实现网联信息的安全管理;制定中国版商用车城郊智能驾驶标准和高速公路智能驾驶标准,商用车逐步实现部分自动或高度自动驾驶,以网联智能管理和编队控制技术突破为主,提高运输车辆的运行效率、经济性、安全性和便利性
	完全自主驾驶级智能汽车	制定中国版完全自主驾驶标准,基于多源信息融合、多网融合,利用人工智能、深度挖掘及自动控制技术,配合智能环境和辅助设施实现自主驾驶,可改变出行模式、消除拥堵、提高道路利用率
关键部件	车载光学系统	光学摄像头、夜视系统等具备图像处理和视觉增强功能,性能与国际品牌相当并具有成本优势,自主市场份额占 80% 以上
	车载雷达系统	中远距毫米波雷达、近距毫米波雷达、远距超声波雷达、激光雷达等,有效目标识别精度与国际品牌相当,并具有成本优势,自主市场份额占 40% 以上
	高精度定位系统	基于北斗系统开发,实现自主突破,车载定位精度可达到亚米级精度,实现对 GPS 的逐步替代与升级,自主市场份额占 60% 以上
	车载互联终端	车载信息娱乐系统自主份额达到 70%,远程通信模块自主份额达到 60%,近距通信模块自主份额超过 90%
	集成控制系统	开发域控制器,实现对各子系统精确控制及协调,并形成技术、成本优势,自主份额达到 50%
关键共性技术	多源信息融合技术	突破环境感知与多传感器信息融合,V2X 通信模块集成,车载与互联信息融合技术
	车辆协同控制技术	突破整车集成与协同控制技术
	数据安全及平台软件	突破信息安全、系统健康智能监测技术,并搭建中国版车载嵌入式操作系统平台软件
	人机交互与共驾技术	突破人机交互、人机共驾与失效补偿技术
	基础设施与技术法规	形成中国版先进智能驾驶辅助、V2X 及多网融合的技术标准体系和测试评价方法,完善基于 V2X 通信标准体系的道路基础设施

第五节 智能网联汽车先进驾驶辅助系统

一、智能网联汽车先进驾驶辅助系统定义

智能网联汽车先进驾驶辅助系统(ADAS)是通过环境感知技术对道路、车辆、行人、交通标志、交通信号等进行检测和识别,并对识别信号进行分析处理,传输给执行机构,保障车辆安全行驶,如图 1-10 所示。先进驾驶辅助技术是智能网联汽车重点发展的技术,其成熟程度和使用多少代表智能网联汽车的技术水平,是其他关键技术的具体应用体现。

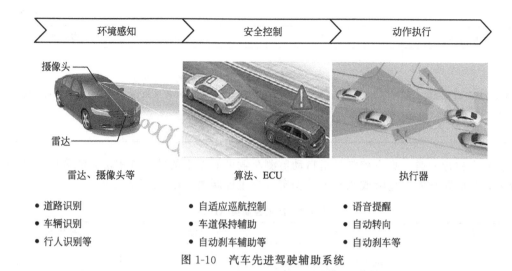

图 1-10 汽车先进驾驶辅助系统

二、智能网联汽车先进驾驶辅助系统类型

智能网联汽车先进驾驶辅助系统按照环境感知系统的不同可以分为自主式和网联式两种。

1. 自主式先进驾驶辅助系统

自主式先进驾驶辅助系统基于车载传感器完成环境感知,依靠车载中央控制系统进行分析决策,技术比较成熟,多数已经装备量产车型。

自主式先进驾驶辅助系统按照功能可以分为自主预警类、自主控制类和视野改善类等。

(1) 自主预警类 自主预警是指自动监测车辆可能发生的危险并提醒,从而防止发生危险或减轻事故伤害。自主预警类 ADAS 见表 1-7。

表 1-7 自主预警类 ADAS

系统名称	图示	功能介绍	使用车型
前向碰撞预警系统		识别潜在的危险情况并通过提醒帮助驾驶员避免或减缓碰撞事故	日产楼兰,纳智捷大 7 SUV
车道偏离预警系统		可能偏离车道时给予驾驶员提示,减少因车道偏离而发生的事故	现代全新胜达,陆风 X7
盲区监测预警系统		检测盲区内行驶车辆或行人	沃尔沃 XC60,奥迪 Q5

续表

系统名称	图示	功能介绍	使用车型
驾驶员疲劳预警系统	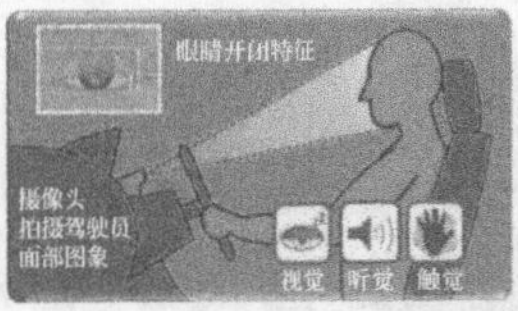	推断驾驶员的疲劳状态进行报警提示或者采取相应措施	哈佛 H9,大众途观

(2) 自主控制类 自主控制是指自动监测车辆可能发生的危险并提醒,必要时系统会主动介入,从而防止发生危险或减轻事故伤害。自主控制类 ADAS 见表 1-8。

表 1-8 自主控制类 ADAS

系统名称	图示	功能介绍	使用车型
车道保持辅助系统		修正即将越过车道标线的车辆,使车辆保持在车道线内	奥迪 Q3,JEEP 自由光
自动刹车辅助系统		当车辆与前车处于危险距离时,主动产生制动效果让车辆减速或紧急停车,减少因距离过短而发生的事故	丰田汉兰达,日产逍客
自适应巡航控制系统		使车辆始终与前车保持安全车距	福特锐界,丰田汉兰达
自动泊车辅助系统		自动泊车入位	福特翼虎,日产奇骏

(3) 视野改善类 视野改善是指提高在视野较差环境下的行车安全。视野改善类 ADAS 见表 1-9。

表 1-9 视野改善类 ADAS

系统名称	图示	功能介绍	使用车型
汽车自适应前照明系统	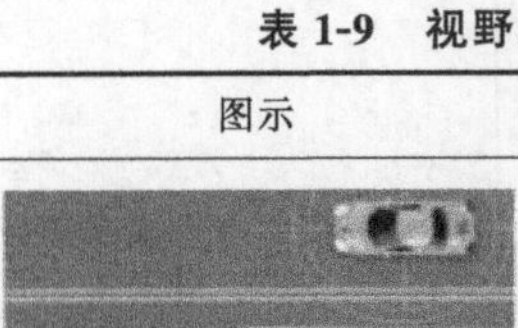	自动调节前照明系统的工作模式	丰田 RAV4,沃尔沃 XC60

系统名称	图示	功能介绍	使用车型
汽车夜视辅助系统		晚上使用热成像呈现行人或动物	纳智捷优6,纳智捷大7 SUV
汽车平视显示系统		将汽车驾驶辅助信息、导航信息、ADAS信息等以投影方式显示在前方,方便阅读	宝马7系,大众辉昂
全景泊车系统		四周360°全景提示	哈弗H8,吉利豪情SUV

2. 网联式先进驾驶辅助系统

网联式先进驾驶辅助系统是指依靠V2X通信技术对车辆周边环境进行感知,并可对周围车辆未来运动进行预测,进而对驾驶员进行驾驶操作辅助的系统。通过现代通信与网联技术,汽车、道路、行人等交通参与者都已经不再是独立者,而是成为智能交通系统中的信息节点,如图1-11所示。

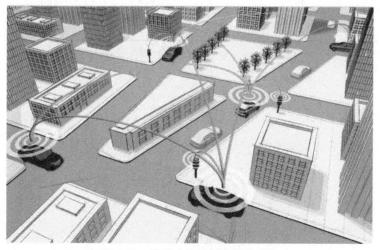

图1-11 网联式先进驾驶辅助系统

网联式先进驾驶辅助系统功能主要有交通拥堵提醒、闯红灯警示、弯道车速警示、减速区警示、限速交通标志警示、现场天气信息警示、违反停车标志警示、违规穿过铁路警示、过大车辆警示等。警示不仅告知车辆和驾驶员违反安全,而且可以通过V2V、V2I警示附近的车辆,从而协助防止相撞。例如有车辆在十字路口的死角闯红灯或违反停车标志时,及时将信息传递给附近车辆并提醒其注意,调整自身的通行状态。

目前主要以自主式先进驾驶辅助系统为主,网联式先进驾驶辅助系统处于开发测试中,自主式和网联式融合是智能网联汽车先进驾驶辅助系统的发展趋势。

三、智能网联汽车先进驾驶辅助系统配置

智能网联汽车 ADAS 配置与自动驾驶等级有关,见表 1-10。

表 1-10　智能网联汽车 ADAS 配置

分级	1级	2级	3级	4级	5级
称呼	驾驶辅助	部分自动驾驶	有条件自动驾驶	高度自动驾驶	完全自动驾驶
主要功能	前向碰撞预警 车道偏离预警 盲区监测预警 驾驶员疲劳预警 车道保持辅助 自动刹车辅助 自适应巡航控制 自动泊车辅助 自适应前照明 汽车夜视辅助 汽车平视辅助	拥堵辅助驾驶 车道内自动驾驶 换道辅助 全自动泊车	高速公路自动驾驶 城郊公路自动驾驶 协同式列队行驶 交叉路口通行辅助	市区自动驾驶 车路协同控制 远程泊车	无人驾驶
特征	单一功能	组合功能	特定条件 部分任务	特定条件 全部任务	全部条件 全部任务
感知系统配置	超声波传感器 毫米波雷达 视觉传感器	超声波传感器 毫米波雷达 视觉传感器 少线激光雷达	超声波传感器 毫米波雷达 视觉传感器 多线激光雷达 V2X	超声波传感器 毫米波雷达 视觉传感器 多线激光雷达 V2X 5G	超声波传感器 毫米波雷达 视觉传感器 多线激光雷达 V2X 5G 高精度地图

第二章　智能网联汽车环境感知技术

第一节　概述

一、环境感知定义

智能网联汽车环境感知就是利用车载超声波传感器、毫米波雷达、激光雷达、视觉传感器以及 V2X 通信技术等获取道路、车辆位置和障碍物的信息，并将这些信息传输给车载控制中心，为智能网联汽车提供决策依据，是 ADAS 实现的第一步。

环境感知技术在智能网联汽车中的典型应用如图 2-1 所示。

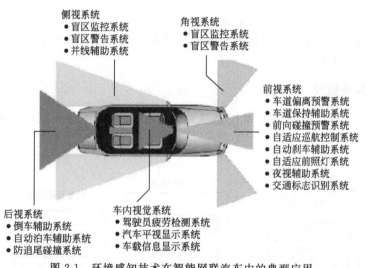

图 2-1　环境感知技术在智能网联汽车中的典型应用

二、环境感知方法

智能网联汽车环境感知方法主要有基于单一传感器的环境感知方法、基于自组织网络的环境感知方法和基于传感器信息融合的环境感知方法，如图 2-2 所示。

① 基于单一传感器的环境感知方法，如超声波传感器、毫米波雷达、激光雷达、视觉传感器等。

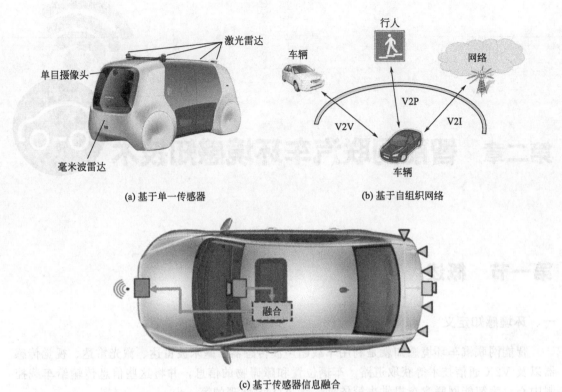

图 2-2 智能网联汽车环境感知方法

② 基于自组织网络的环境感知方法，如 V2X 通信技术。

③ 基于传感器信息融合的环境感知方法，如采用视觉传感器＋毫米波雷达、视觉传感器＋超声波传感器融合等。

三、环境感知系统组成

智能网联汽车环境感知系统由信息采集单元、信息处理单元和信息传输单元组成，如图 2-3 所示。

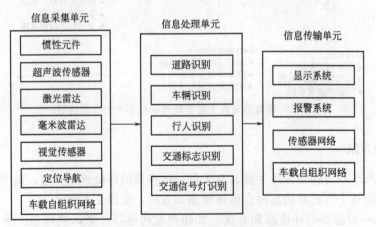

图 2-3 智能网联汽车环境感知系统

（1）信息采集单元 对环境的感知和判断是智能网联汽车工作的前提与基础，感知系统获取周围环境和车辆信息的实时性及稳定性，直接关系到后续检测或识别准确性和执行有效性。

（2）信息处理单元 信息处理单元主要是对信息采集单元输送来的信号，通过一定的算法对道路、车辆、行人、交通标志、交通信号灯等进行识别。

（3）信息传输单元 信息处理单元对环境感知信号进行分析后，将信息送入传输单元，传输单元根据具体情况执行不同的操作，如分析后的信息确定前方有障碍物，并且本车与障碍物之间的距离小于安全车距，则将这些信息送入控制执行模块，控制执行模块结合本车速度、加速度、转向角等自动调整智能网联汽车的车速和方向，实现自动避障，在紧急情况下也可以自动刹车；信息传输单元把信息传输到传感器网络上，实行车辆内部资源共享；也可以把处理信息通过自组织网络传输给车辆周围的其他车辆，实现车辆与车辆之间信息共享。

四、环境感知传感器比较

超声波传感器、毫米波雷达、激光雷达和视觉传感器作为主要的环境感知传感器，它们的选择需要综合考虑其性能特点和性价比，它们之间的比较见表 2-1。

表 2-1 环境感知传感器的比较

传感器类型	超声波传感器	毫米波雷达	激光雷达	视觉传感器
远距离探测	弱	强	强	较强
探测角度/(°)	120	10～70	15～360	30
夜间环境	强	强	强	弱
全天候	弱	强	强	弱
路标识别	×	×	×	√
主要应用	泊车辅助	自适应巡航控制系统、自动紧急制动系统、前向碰撞预警系统、盲区监测系统	实时建立车辆周边环境的三维模型	车道偏离预警系统、车道保持辅助系统、盲区监测系统、前向碰撞预警系统、交通标志识别系统、交通信号灯识别系统、全景泊车系统
成本	低	适中	高	适中

五、环境感知传感器配置

智能网联汽车环境感知传感器主要有超声波传感器、毫米波雷达、激光雷达、单/双/三目摄像头、环视摄像头等，它们在智能网联汽车上的配置与自动驾驶级别有关，自动驾驶级别越高，配置的传感器越多。

典型智能网联汽车传感器基本配置见表 2-2。

表 2-2 典型智能网联汽车传感器基本配置

传感器	数量/个	最小感知范围	备注
环视摄像头（高清）	4	8m	①前、侧向毫米波雷达信息处理策略有差异，不能互换 ②毫米波雷达和激光雷达互为冗余 ③不同供应商的传感器探测范围有差异，表中数据仅供参考
前视摄像头（单目）	1	50°/150m	
超声波传感器	12	5m	
侧向毫米波雷达（24GHz）	4	110°/60m	
前向毫米波雷达（77GHz）	1	15°/170m	
激光雷达	1	110°/100m	

随着汽车智能化和网联化的发展，智能网联汽车配备的先进传感器的数量将会逐渐增加，预计无人驾驶汽车将会装配 30 个左右先进传感器。

六、环境感知传感器融合

传感器融合就是将多个传感器获取的数据、信息集中在一起综合分析以便更加准确可靠地描述外界环境，从而提高系统决策的正确性。

1. 多传感器融合的基本原理

多传感器融合的基本原理类似于人类大脑对环境信息的综合处理过程。人类对外界环境的感知是通过将眼睛、耳朵、鼻子和四肢等感官所探测的信息传输至大脑，并与先验知识进行综合分析，实现对其周围的环境和正在发生的事件做出快速准确的评估；而多传感器融合技术是通过各种传感器对环境信息进行感知，并传输至信息融合中心，与数据库信息进行综合分析，实现对周围的环境和正在发生的事件做出快速准确的评估。

多传感器融合的体系结构分为分布式、集中式和混合式，如图 2-4 所示。

（1）分布式 先对各个独立传感器所获得的原始数据进行局部处理，然后再将结果送入信息融合中心进行智能优化组合来获得最终的结果。分布式多传感器对通信带宽的需求低，计算速度快，可靠性和延续性好，但跟踪的精度却远没有集中式多传感器高。

（2）集中式 集中式多传感器将各传感器获得的原始数据直接送至信息融合中心进行融合处理，可以实现实时融合。优点是数据处理的精度高，算法灵活；缺点是对处理器的要求高，可靠性较低，数据量大，故难于实现。

（3）混合式 混合式多传感器信息融合框架中，部分传感器采用集中式融合方式，剩余的传感器采用分布式融合方式。混合式融合框架具有较强的适应能力，兼顾集中式融合和分布式的优点，稳定性强。混合式融合方式的结构比前两种融合方式的结构复杂，这样就加大通信和计算上的代价。

目前多传感器融合的理论方法有贝叶斯准则法、卡尔曼滤波法、D-S 证据理论法、模糊集理论法、人工神经网络法等。

2. 视觉传感器与毫米波雷达相融合技术

视觉传感器成本低，可以识别不同的物体，在物体高度与宽度测量精度、车道线识别、行人识别准确度等方面有优势，是实现车道偏离预警、交通标志识别等功能不可缺少的传感器，但作用距离和测距精度不如毫米波雷达，并且容易受光照、天气等因素的影响。毫米波雷达受光照和天气因素影响较小，测距精度高，但难以识别车道线、交通标志等元素。另外，毫米波雷达通过多普勒偏移的原理能够实现更高精度的目标速度探测。

将视觉传感器和毫米波雷达进行融合，相互配合，共同构成智能网联汽车的感知系统，取长补短，实现更稳定可靠的 ADAS 功能，如图 2-5 所示。视觉传感器与毫米波雷达融合

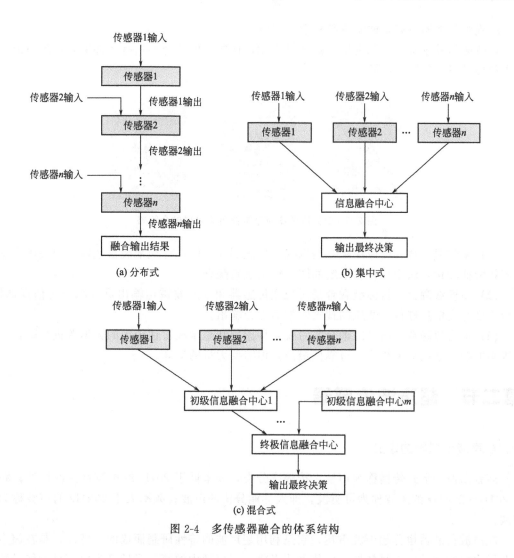

图 2-4 多传感器融合的体系结构

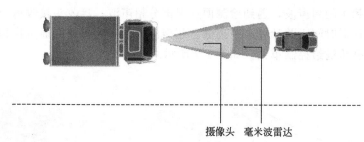

图 2-5 视觉传感器与毫米波雷达融合

具有以下优势。

(1) **可靠** 目标真实可信度提高。
(2) **具有互补性** 全天候应用与远距离提前预警。
(3) **精度高** 大视角、全距离条件下的高性能定位。
(4) **识别能力强** 对各种复杂对象都能够识别。

3. 视觉传感器与毫米波雷达数据融合策略

在智能驾驶场景下，视觉传感器与毫米波雷达的数据融合大致有 3 种策略：图像级、目标级和信号级，如图 2-6 所示。

图 2-6　视觉传感器与毫米波雷达数据融合策略

(1) 图像级融合　图像级融合是以视觉传感器为主体，将毫米波雷达输出的整体信息进行图像特征转化，然后与视觉系统的图像输出进行融合。

(2) 目标级融合　目标级融合是对视觉传感器和毫米波雷达输出进行综合可信度加权，配合精度标定信息进行自适应的搜索匹配后融合输出。

(3) 信号级融合　信号级融合是对视觉传感器和毫米波雷达传出的数据源进行融合。信号级别的融合数据损失最小，可靠性最高，但需要大量的运算。

第二节　超声波传感器

一、超声波传感器的定义

声音以波的形式传播称为声波。按频率分类，频率低于 20Hz 的声波称为次声波；频率为 20Hz～20kHz 的声波称为可听波，即人耳能分辨的声波；频率大于 20kHz 的声波称为超声波。

超声波传感器也称超声波雷达，它是利用超声波的特性研制而成的传感器，是在超声频率范围内将交变的电信号转换成声信号或者将外界声场中的声信号转换为电信号的能量转换器件。超声波传感器有一个发射头和一个接收头，安装在同一面上。在有效的检测距离内，发射头发射特定频率的超声波，遇到检测面反射部分超声波；接收头接收返回的超声波，由芯片记录声波的往返时间，并计算出距离值。超声波测距传感器可以通过模拟接口和 IIC 接口两种方式将数据传输给控制单元，如图 2-7 所示。

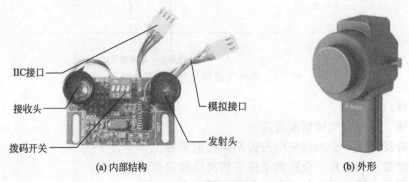

图 2-7　超声波传感器

二、超声波传感器的特点

超声波传感器具有以下特点。

① 超声波传感器有效探测距离一般在 5~10m 之间，但会有一个最小探测盲区，一般在几十毫米，如图 2-8 所示。

② 超声波对色彩、光照度不敏感，可适用于识别透明、半透明及漫反射差的物体。

③ 超声波对外界光线和电磁场不敏感，可用于黑暗、有灰尘或烟雾、电磁干扰强、有毒等恶劣环境中。

④ 超声波传感器结构简单，体积小，成本低，信息处理简单可靠，易于小型化与集成化，并且可以进行实时控制。

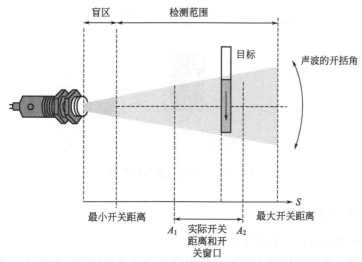

图 2-8 超声波传感器有效探测距离

三、超声波传感器的测距原理

超声波传感器的测距原理如图 2-9 所示，超声波发射器发出的超声波脉冲，经媒质（空气）传到障碍物表面，反射后通过媒质（空气）传到接收器，测出超声脉冲从发射到接收所需的时间，根据媒质中的声速，求得从探头到障碍物表面之间的距离。设探头到障碍物表面的距离为 L，超声波在空气中的传播速度为 v（约为 340m/s），从发射到接收所需的传播时间为 t，当发射器和接收器之间的距离远小于探头到障碍物之间的距离时，则有 $L=vt/2$。

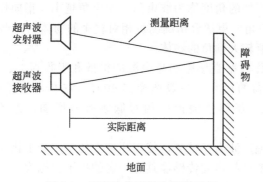

图 2-9 超声波传感器的测距原理

四、超声波传感器的类型

常见的超声波传感器有两种。第一种是安装在汽车前后保险杠上的,也就是用于探测汽车前后障碍物的传感器,探测距离一般在 15~250cm 之间,称为 PDC(停车距离控制)传感器,也称为 UPA(驻车辅助传感器);第二种是安装在汽车侧面的,是用于测量停车位长度的超声波传感器,探测距离一般在 30~500cm 之间,称为 PLA(自动泊车辅助)传感器,也称为 APA(泊车辅助传感器)。如图 2-10 所示的汽车配备前后向共 8 个 UPA,左右侧共 4 个 APA。

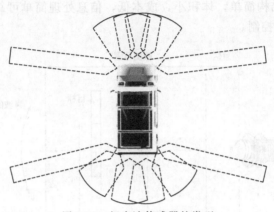

图 2-10 超声波传感器的类型

五、超声波传感器的主要参数

超声波传感器主要有以下特性参数和性能。

(1)**测量范围** 超声波传感器的测量范围取决于其使用的波长和频率。波长越长,频率越小,检测距离越大,如具有毫米级波长的紧凑型传感器的测量范围为 300~500mm,波长大于 5mm 的传感器测量范围可达 10m。

(2)**测量精度** 测量精度是指传感器测量值与真实值的偏差。超声波传感器测量精度主要受被测物体体积、表面形状、表面材料等影响。被测物体体积过小、表面形状凹凸不平、物体材料吸收声波等情况都会降低超声波传感器测量精度。测量精度越高,感知信息越可靠。

(3)**波束角** 超声波传感器产生的超声波以一定角度向外发出,超声波沿传感器中轴线方向上的超声射线能量最大,能量向其他方向逐渐减弱。以传感器中轴线的延长线为轴线,到一侧能量强度减小一半处的角度称为波束角。波束角越小,指向性越好。一些超声波传感器具有较窄(6°)的波束角,更适合精确测量相对较小的物体。一些波束角在 12°~15°的超声波传感器能够检测具有较大倾角的物体。

(4)**工作频率** 工作频率直接影响超声波的扩散和吸收损失、障碍物反射损失、背景噪声,并直接决定传感器的尺寸。一般选择在 40kHz 左右,这样传感器方向性尖锐,且避开噪声,提高信噪比;虽然传播损失相对低频有所增加,但不会给发射和接收带来困难。

(5)**抗干扰性能** 超声波为机械波,使用环境中的噪声会干扰超声波传感器接收物体反射回来的超声波,因此要求超声波传感器具有一定的抗干扰能力。

六、超声波传感器的应用

超声波传感器在智能网联汽车中最常见的应用是自动泊车辅助系统,如图 2-11 所示。自动泊车辅助系统包含 8 个 PDC 传感器(用于探测周围障碍物)和 4 个 PLA 传感器(用于测量停车位的长度)。当驾驶员驾驶汽车以 30km/h 以下速度行驶,且侧面与其间距保持在 0.5~1.5m 时,PLA 传感器会自动检测两侧外部空间,探测到的所有合适的空间都会被系统储存下来,按下换挡手柄右侧功能键便可在仪表板显示屏上显示此时的周围状态。如果空间足够泊车,驾驶员可以停车后挂入倒挡,并慢速倒车。系统会按照事先计算好的轨迹自动控制前轮转向,无需驾驶员操纵转向盘。在自动泊车完成之后,驾驶员还可以在前后 PDC 传感器的帮助下将车进一步停正。

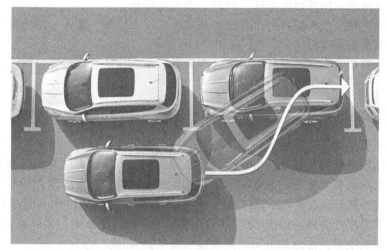

图 2-11 基于超声波传感器的自动泊车辅助系统

第三节 毫米波雷达

一、毫米波雷达的定义

毫米波雷达是工作在毫米波频段的雷达,如图 2-12 所示。毫米波是指波长在 1~10mm 的电磁波,对应的频率范围为 30~300GHz。毫米波雷达是 ADAS 核心传感器,主要用于自适应巡航控制系统、自动紧急制动系统、盲区监测系统、行人检测系统等。

图 2-12 毫米波雷达

毫米波位于微波与远红外波相交叠的波长范围,所以毫米波兼有这两种波谱的优点,同时也有自己独特的性质。根据波的传播理论，频率越高，波长越短，分辨率越高，穿透能力越强，但在传播过程的损耗也越大，传输距离越短；频率越低，波长越长，绕射能力越强，传输距离越远。所以与微波相比，毫米波的分辨率高，指向性好，抗干扰能力强和探测性能好。与红外波相比，毫米波的大气衰减小，对烟雾和灰尘具有更好的穿透性，受天气影响小。

二、毫米波雷达的特点

毫米波雷达具有以下优点。

(1) 探测距离远 毫米波雷达探测距离远，最远可达 250m 左右。

(2) 响应速度快 毫米波的传播速度与光速一样，并且其调制简单，配合高速信号处理系统，可以快速地测量出目标的角度、距离、速度等信息。

(3) 适应能力强 毫米波具有很强的穿透能力，在雨、雪、大雾等恶劣天气依然可以正常工作，而且不受颜色与温度的影响。

毫米波雷达的缺点是覆盖区域呈扇形，有盲点区域；无法识别道路标线、交通标志和交通信号灯。

三、毫米波雷达的类型

毫米波雷达可以按照工作原理、探测距离和频段进行分类。

(1) 按工作原理分类 毫米波雷达按工作原理的不同可以分为脉冲式毫米波雷达与调频式连续毫米波雷达两类。脉冲式毫米波雷达通过发射脉冲信号与接收脉冲信号之间的时间差来计算目标距离；调频式连续毫米波雷达是利用多普勒效应测量得出不同目标的距离和速度。脉冲方式测量原理简单，但由于受技术、元器件等方面的影响，实际应用中很难实现。目前，大多数车载毫米波雷达都采用调频式连续毫米波雷达。

(2) 按探测距离分类 毫米波雷达按探测距离可分为近距离（SRR）、中距离（MRR）和远距离（LRR）毫米波雷达。

(3) 按频段分类 毫米波雷达按采用的毫米波频段不同，划分有 24GHz、60GHz、77GHz 和 79GHz 毫米波雷达，主流可用频段为 24GHz 和 77GHz，如图 2-13 所示。79GHz 有可能是未来发展趋势。

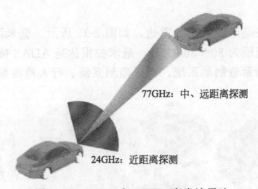

图 2-13　24GHz 和 77GHz 毫米波雷达

77GHz 毫米波雷达与 24GHz 毫米波雷达相比具有以下不同。

① 77GHz 毫米波雷达探测距离更远。

② 77GHz 毫米波雷达的体积更小。

③ 77GHz毫米波雷达所需要的工艺更高。
④ 77GHz毫米波雷达的检测精度更好。
⑤ 相对于24GHz毫米波雷达的射频芯片，77GHz雷达射频的芯片更不易获取。

四、毫米波雷达的测量原理

调频式连续毫米波雷达是利用多普勒效应测量得出不同目标的距离和速度，它通过发射源向给定目标发射毫米波信号，并分析发射信号时间、频率和反射信号时间、频率之间的差值，精确测量出目标相对于雷达的距离和运动速度等信息。

雷达调频器通过天线发射毫米波信号，发射信号遇到目标后，经目标的反射会产生回波信号，发射信号与回波信号相比形状相同，时间上存在差值；当目标与雷达信号发射源之间存在相对运行时，发射信号与回波信号之间除存在时间差外，还会产生多普勒频率，如图2-14所示。

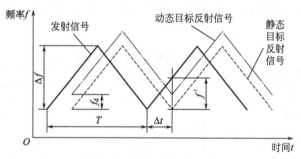

图 2-14 调频式连续毫米波雷达的测量原理

毫米波雷达测距和测速的计算公式分别为

$$s=\frac{c\Delta t}{2}=\frac{cTf'}{4\Delta f} \tag{2-1}$$

$$u=\frac{cf_d}{2f_0} \tag{2-2}$$

式中，s为相对距离；c为光速；Δt为发射信号与回波信号的时间间隔；T为信号发射周期；f'为发射信号与反射信号的频率差；Δf为调频带宽；f_d为多普勒频率；f_0为发射信号的中心频率；u为相对速度。

五、毫米波雷达的目标识别流程

毫米波雷达的目标识别是通过分析回波特征信息，采用数学手段通过各种特征空间变换来抽取目标的特性参数，如大小、材质、形状等，并将抽取的特性参数与已建立的数据库中的目标特征参数进行比较、辨别和分类，其流程如图2-15所示。

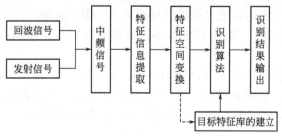

图 2-15 毫米波雷达的目标识别流程

(1) 特征信息提取 利用发射源与目标处于相对静止状态时的中频信号可以进行目标特征信息的提取，以有效进行目标识别。

(2) 特征空间变换 特征空间变换是利用梅林变换、沃尔什变换、马氏距离线性变换等正交变换方法，解除不同目标特征间的相关性，加强不同目标特征间的可分离性，最终剔除冗余特征，达到减少计算量的目的。

(3) 识别算法 识别算法主要有空目标去除、无效目标去除和静止目标去除。

(4) 目标特征库的建立 目标特征库的建立有3种方法：通过实际试验数据建立，通过半实物仿真数据建立，通过虚拟仿真数据建立。

(5) 识别结果输出 把识别结果输出到有关的控制系统中，完成相应的控制功能。

六、毫米波雷达的应用

毫米波雷达广泛应用于智能网联汽车的自适应巡航控制系统、前向碰撞预警系统、自动紧急制动系统、盲区监测系统、自动泊车辅助系统、变道辅助系统等先进驾驶辅助系统（ADAS）中，见表2-3。

表2-3 毫米波雷达在智能网联汽车上的应用

毫米波雷达类型		近距离雷达(SRR)	中距离雷达(MRR)	远距离雷达(LRR)
工作频段/GHz		24	77	77
探测距离/m		小于60	100左右	大于200
功能	自适应巡航控制系统		★(前方)	★(前方)
	前向碰撞预警系统		★(前方)	★(前方)
	自动紧急制动系统		★(前方)	★(前方)
	盲区监测系统	★(侧方)	★(侧方)	
	自动泊车辅助系统	★(前方)(后方)	★(侧方)	
	变道辅助系统	★(后方)	★(后方)	
	后碰撞预警系统	★(后方)	★(后方)	
	行人检测系统	★(前方)	★(前方)	
	驻车开门辅助系统	★(侧方)		

为了满足不同距离范围的探测需要，一辆汽车上会安装多个近距离、中距离和远距离毫米波雷达。其中24GHz雷达系统主要实现近距离（SRR）探测，77GHz雷达系统主要实现中距离（MRR）和远距离（LRR）探测。不同的毫米波雷达在车辆前方、侧方和后方发挥不同的作用。

毫米波雷达在智能网联汽车ADAS中的应用如图2-16所示。例如自适应巡航控制需要3个毫米波雷达，车辆正中间一个77GHz的LRR，探测距离在150~250m之间，角度为10°左右；车辆两侧各一个24GHz的SRR，角度都为30°，探测距离在50~70m之间。

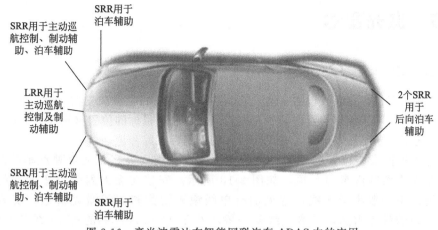

图 2-16 毫米波雷达在智能网联汽车 ADAS 中的应用

七、毫米波雷达的布置

毫米波雷达在智能网联汽车上的布置如图 2-17 所示,它分为正向毫米波雷达布置、侧向毫米波雷达布置和毫米波雷达布置高度。

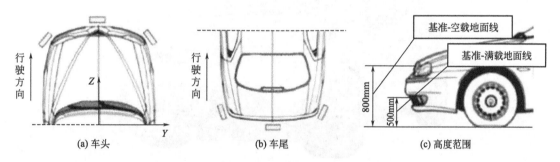

图 2-17 毫米波雷达在智能网联汽车上的布置

(1) 正向毫米波雷达布置 正向毫米波雷达一般布置在车辆中轴线,外露或隐藏在保险杠内部。雷达波束的中心平面要求与路面基本平行,考虑雷达系统误差、结构安装误差、车辆载荷变化后,需保证与路面夹角的最大偏差不超过 5°。

另外,在某些特殊情况下,正向毫米波雷达无法布置在车辆中轴线上时,允许正 Y 向最大偏置距离为 300mm,偏置距离过大会影响雷达的有效探测范围。

(2) 侧向毫米波雷达布置 侧向毫米波雷达在车辆四角呈左右对称布置,前侧向毫米波雷达与车辆行驶方向成 45°夹角,后侧向毫米波雷达与车辆行驶方向成 30°夹角,雷达波束的中心平面与路面基本平行,角度最大偏差仍需控制在 5°以内。

(3) 毫米波雷达布置高度 毫米波雷达在 Z 方向探测角度一般只有±5°,雷达安装高度太高会导致下盲区增大,太低又会导致雷达波束射向地面,地面反射带来杂波干扰,影响雷达的判断。因此,毫米波雷达的布置高度(即地面到雷达模块中心点的距离),一般建议在 500mm(满载状态)至 800mm(空载状态)之间。

毫米波雷达在布置时,还需要兼顾考虑其他因素,如雷达区域外造型的美观性、对行人保护的影响、设计安装结构的可行性、雷达调试的便利性、售后维修成本等。

第四节 激光雷达

一、激光雷达的定义

激光雷达是工作在光频波段的雷达,它利用光频波段的电磁波先向目标发射探测信号,然后将其接收到的回波信号与发射信号相比较,从而获得目标的位置(距离、方位和高度)、运动状态(速度、姿态)等信息,实现对目标的探测、跟踪和识别。

激光雷达根据安装位置的不同,分为两大类,一类安装在无人驾驶汽车的四周,另一类安装在无人驾驶汽车的车顶,如图 2-18 所示。安装在无人驾驶汽车四周的激光雷达,其激光线束一般小于 8 线,常见的有单线激光雷达和四线激光雷达;安装在无人驾驶汽车车顶的激光雷达,其激光线束一般不小于 16 线,常见的有 16 线/32 线/64 线激光雷达。

图 2-18 激光雷达

车载激光雷达普遍采用多个激光发射器和接收器,建立三维点云图,从而达到实时环境感知的目的。

二、激光雷达的特点

激光雷达具有以下特点。

(1) **分辨率高** 激光雷达可以获得极高的角度、距离和速度分辨率。通常激光雷达的角分辨率不低于 0.1mard,也就是说可以分辨 3km 距离上相距 0.3m 的两个目标,并可同时跟踪多个目标;距离分辨率可达 0.1m;速度分辨率能达到 10m/s 以内。

(2) **探测范围广** 探测距离可达 300m 左右。

(3) **信息量丰富** 可直接获取探测目标的距离、角度、反射强度、速度等信息,生成目标多维度图像。

(4) **全天候工作** 激光主动探测,不依赖于外界光照条件或目标本身的辐射特性,它只需发射自己的激光束,通过探测发射激光束的回波信号来获取目标信息;但容易受到大气条件以及工作环境烟尘的影响,且不具备摄像头能识别交通标志的功能。

三、激光雷达系统的组成

智能网联汽车激光雷达系统由收发天线、收发前端、信号处理模块、汽车控制装置和报警模块组成,如图 2-19 所示。

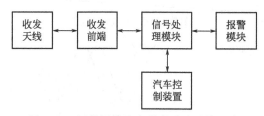

图 2-19　智能网联汽车激光雷达系统组成

(1) 收发天线　收发天线可安装于车辆保险杠内,向车辆前方发出发射信号,并接收反射信号。

(2) 收发前端　收发前端是雷达系统的核心部件,负责信号调制、射频信号的发射接收及接收信号解调。

(3) 信号处理模块　信号处理模块自动分析、计算出与前方车辆的距离和相对速度,并且防止转弯时错误测量临近车道车辆的情况发生。

(4) 汽车控制装置　汽车控制装置是控制汽车的自动操作系统,达到自动减速慢速行车,或紧急刹车。通过限制发动机输出转矩、调节制动力及变速器挡位,控制汽车行驶速度。

(5) 报警模块　根据设定的安全车距和报警距离,以适当方式给驾驶员报警,保障汽车安全行驶。

四、激光雷达的测距原理

激光雷达测距的基本原理是通过测算激光发射信号与激光回波信号的往返时间,从而计算出目标的距离。首先,激光雷达发出激光束,激光束碰到障碍物后被反射回来,被激光接收系统进行接收和处理,从而得知激光从发射至被反射回来并接收之间的时间,即激光的飞行时间,根据飞行时间,可以计算出障碍物的距离。根据所发射激光信号的不同形式,激光测距方式可分为脉冲法激光测距和相位法激光测距两大类,如图 2-20 所示。

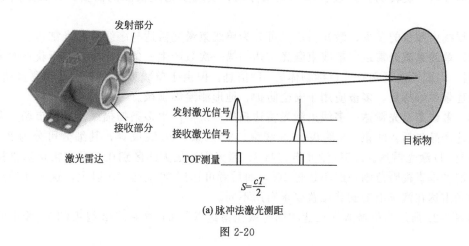

(a) 脉冲法激光测距

图 2-20

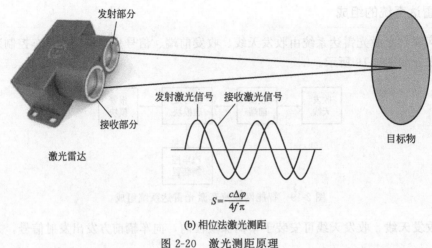

图 2-20 激光测距原理

(1) **脉冲法激光测距** 脉冲法是通过激光雷达的发射器发出脉冲激光照射到障碍物后会有部分激光反射回来,由激光雷达的接收器接收。同时激光雷达内部可以记录发射和接收的飞行时间间隔,根据光速可以计算出要测量的距离。

(2) **相位法激光测距** 相位法由激光发射器发出强度调制的连续激光信号,照射到障碍物后反射回来,测量光束在往返中会产生相位的变化,通过计算激光信号在雷达与障碍物之间来回飞行产生的相位差,换算出障碍物的距离。

五、激光雷达的类型

激光雷达按有无机械旋转部件,可分为机械激光雷达、固态激光雷达和混合固态激光雷达。

(1) **机械激光雷达** 机械激光雷达带有控制激光发射角度的旋转部件,体积较大,价格昂贵,测量精度相对较高,一般置于汽车顶部。

(2) **固态激光雷达** 固态激光雷达则依靠电子部件来控制激光发射角度,无须机械旋转部件,故尺寸较小,可安装于车体内。

(3) **混合固态激光雷达** 混合固态激光雷达没有大体积旋转结构,采用固定激光光源,通过内部玻璃片旋转的方式改变激光光束方向,实现多角度检测的需要,并且采用嵌入式安装。

根据线束数量的多少,激光雷达又可分为单线束激光雷达与多线束激光雷达。

(1) **单线束激光雷达** 单线束激光雷达扫描一次只产生一条扫描线,其所获得的数据为 2D 数据,因此无法区别有关目标物体的 3D 信息。但由于单线束激光雷达具有测量速度快、数据处理量少等特点,多被应用于安全防护、地形测绘等领域。

(2) **多线束激光雷达** 多线束激光雷达扫描一次可产生多条扫描线。目前市场上多线束激光雷达产品包括 4 线束、8 线束、16 线束、32 线束、64 线束等,其细分可分为 2.5D 激光雷达及 3D 激光雷达。2.5D 激光雷达与 3D 激光雷达最大的区别在于激光雷达垂直视野的范围,前者垂直视野范围一般不超过 10°,而后者可达到 30°甚至 40°以上,这也就导致两者对于激光雷达在汽车上的安装位置要求有所不同。

如图 2-21 所示为机械激光雷达和固态激光雷达以及 64 线束、32 线束和 16 线束的激光雷达。

(a) 机械激光雷达和固态激光雷达

(b) 多线束激光雷达

图 2-21　激光雷达的类型

六、激光雷达的应用

激光雷达具有高精度电子地图和定位、障碍物识别、可通行空间检测、障碍物轨迹预测等功能，如图 2-22 所示。

(1) 高精度电子地图和定位　利用多线束激光雷达的点云信息与车载组合惯导采集的信息，进行高精度电子地图制作。无人驾驶汽车利用激光点云信息与高精度电子地图匹配，以此实现高精度定位。

(2) 障碍物识别　利用高精度电子地图限定感兴趣区域（ROI）后，根据障碍物特征和识别算法，进行障碍物检测与识别。

(3) 可通行空间检测　利用高精度电子地图限定 ROI 后，可以对 ROI 内部（比如可行驶道路和交叉口）点云的高度及连续性信息判断点云处是否可通行。

(4) 障碍物轨迹预测　根据激光雷达的感知数据与障碍物所在车道的拓扑关系（道路连接关系）进行障碍物的轨迹预测，以此作为无人驾驶汽车规划（避障、换道、超车等）的判

(a) 高精度电子地图和定位

(b) 障碍物识别

(c) 可通行空间检测

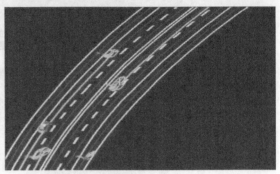
(d) 障碍物轨迹预测

图 2-22　激光雷达的功能（彩图）

断依据。

IBEO LUX（4 线）激光雷达是德国 IBEO 公司借助高分辨率激光测量技术推出的第一款多功能汽车智能传感器，如图 2-23 所示。它拥有 110°的宽视角，0.3～200m 的探测距离，绝对安全的 1 等级激光。

图 2-23　IBEO LUX（4 线）激光雷达

IBEO LUX（4 线）激光雷达不仅输出原始扫描数据，同时输出每个测量对象的数据，如位置、尺寸、纵向速度、横向速度等，拥有远距离、智能分辨率、全天候等能力，结合 110°的宽视角，在以下 7 个方面拥有出色的性能。

(1) 行人保护　当一个人出现在车辆行驶的前方路面上时，需要车辆提供保护的场合。IBEO LUX（4 线）激光雷达能检测 0.3～30m 视场范围内的所有行人。通过分析对象的外形、速度和腿部移动来区分行人与普通物体，传感器在启动安全保护措施前 300ms 时发出警告，这样便可在发生碰撞之前保护行人。

(2) 自适应巡航控制系统的启和停　基于 IBEO LUX（4 线）激光雷达的自适应巡航控制系统可在 0～200km/h 的速度范围内实现自动行驶，可在没有驾驶员帮助的情况下自动调整车速，如有必要，刹车停行。宽视场范围使得它能及时地检测到并线的车辆，并且快速判断它的横向速度。

(3) 车道偏离预警　IBEO LUX（4 线）激光雷达可以检测车辆行驶前方车道线标识和潜在的障碍，同时也可以计算车辆在道路中的位置。如果车辆可能会偏离航线，系统会立即发出预警。

(4)自动紧急刹车 IBEO LUX（4线）激光雷达实时检测车辆行驶前方所有静止的和移动的物体，并且判断它们的外形，当要发生危险时，自动紧急刹车。

(5)预碰撞处理 通过分析所有的环境扫描数据，不管是即将发生什么样的碰撞（如擦碰），预碰撞功能都会在碰撞发生前100ms发出警告。IBEO LUX（4线）激光雷达能计算出碰撞的初始接触点并且采取措施以减小碰撞，提前启动安全系统。

(6)交通拥堵辅助 针对城市拥堵路况，IBEO LUX（4线）激光雷达能够在上下班路上消除频繁启停而带来的烦恼。驾驶员只需掌握好汽车转向盘，该功能在时速小于30km/h的路况下显得尤为重要。缓和的加/减速度和可靠的行人保护功能，使车辆驾驶既安全又省心。

(7)低速防碰撞功能 行驶途中，哪怕是一小会的分神也有可能导致事故发生，引入低速防碰撞功能，使得以前在30km/h时速下时常发生的类似事故不再发生，IBEO LUX（4线）激光雷达检测并分析前方的路况，车辆会在发生碰撞前自动停驶。

第五节 视觉传感器

一、视觉传感器的定义

视觉传感器主要由光源、镜头、图像传感器、模数转换器、图像处理器、图像存储器等组成，如图2-24所示，其主要功能是获取足够的机器视觉系统要处理的原始图像。把光源、摄像机、图像处理器、标准的控制与通信接口等集成一体的视觉传感器常称为一个智能图像采集与处理单元，如图2-25所示，内部程序存储器可存储图像处理算法，并能使用计算机，利用专用组态软件编制各种算法并下载到视觉传感器的程序存储器中，视觉传感器将计算机的灵活性、PLC的可靠性、分布式网络技术结合在一起，用这样的视觉传感器和PLC可以更容易地构成机器视觉系统。

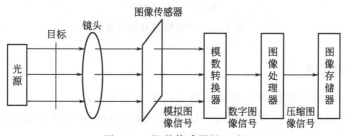

图2-24 视觉传感器的组成

图2-25 智能图像采集与处理单元

二、视觉传感器的特点

视觉传感器具有以下特点。

① 视觉图像的信息量极为丰富,尤其是彩色图像,不仅包含视野内物体的距离信息,而且还有物体的颜色、纹理、深度和形状等信息。

② 在视野范围内可同时实现道路检测、车辆检测、行人检测、交通标志检测、交通信号灯检测等,信息获取面积大。当多辆智能网联汽车同时工作时,不会出现相互干扰的现象。

③ 视觉信息获取的是实时的场景图像,提供的信息不依赖于先验知识,比如 GPS 导航依赖地图信息,有较强的适应环境的能力。

④ 视觉传感器应用广泛,在智能网联汽车中可以前视、后视、侧视、内视、环视等,如图 2-26 所示。以前视为例,夜视、车道偏离预警、碰撞预警、交通标志识别等要求视觉系统在各种天气、路况条件下,能够清晰识别车道线、车辆、障碍物、交通标志等。

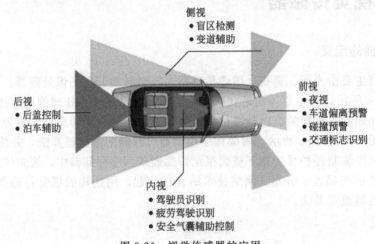

图 2-26 视觉传感器的应用

三、视觉传感器的类型

视觉传感器在智能网联汽车上的应用是以摄像头方式出现的,主要用于车道偏离预警系统、车道保持辅助系统、盲区监测系统、自动刹车辅助系统中的障碍物检测和道路检测等。摄像头一般分为单目、双目、三目和环视等类型。

(1) 单目摄像头 单目摄像头如图 2-27 所示,一般安装在前挡风玻璃上部,用于探测车辆前方环境,识别道路、车辆、行人等。先通过图像匹配进行目标识别(各种车型、行人、物体等),再通过目标在图像中的大小去估算目标距离。这就要求对目标进行准确识别,然后要建立并不断维护一个庞大的样本特征数据库,保证这个数据库包含待识别目标的全部特征数据。如果缺乏待识别目标的特征数据,就无法估算目标的距离,导致 ADAS 的漏报。

图 2-27 单目摄像头

单目摄像头的优点是成本低廉,能够识别具体障碍物的种类，且识别准确；缺点是由于其识别原理导致其无法识别没有明显轮廓的障碍物，工作准确率与外部光线条件有关，并且受限于数据库，没有自学习功能。

（2）双目摄像头　双目摄像头是通过对两幅图像视差的计算，直接对前方景物（图像所拍摄到的范围）进行距离测量，而无须判断前方出现的是什么类型的障碍物。依靠两个平行布置的摄像头产生的视差，找到同一个物体所有的点，依赖精确的三角测距，就能够算出摄像头与前方障碍物的距离，实现更高的识别精度和更远的探测范围。使用这种方案，需要两个摄像头有较高的同步率和采样率，因此技术难点在于双目标定及双目定位。相比单目摄像头，双目摄像头没有识别率的限制，无须先识别，可直接进行测量；直接利用视差计算距离精度更高；无须维护样本数据库。但因为检测原理上的差异，双目视觉方案在距离测算上相比于单目，其硬件成本和计算量级都大幅增加。

如图 2-28 所示是博世的双目系统，两个摄像头之间距离为 12cm，像素数为 1080×960，水平视角为 45°，垂直视角为 25°，最大探测距离为 50m，不仅可以用于自动刹车系统，也可以用于车道偏离预警系统和交通标志识别系统等。

图 2-28　博世的双目摄像头

（3）三目摄像头　三目摄像头如图 2-29 所示，三目摄像头感知范围更大，但同时标定三个摄像头，工作量大。

图 2-29　三目摄像头

（4）环视摄像头　环视摄像头如图 2-30 所示，一般至少包括 4 个摄像头，实现 360°环境感知。

图 2-30　环视摄像头

摄像头分为红外摄像头和普通摄像头：红外摄像头既适合白天工作，也适合黑夜工作；

普通摄像头只适合白天工作,不适合黑夜工作。目前车辆上使用的主要是红外摄像头。

四、视觉传感器的功能

视觉传感器具有车道线识别、障碍物检测、交通标志和地面标志识别、交通信号灯识别、可行空间检测等功能。

(1) 车道线识别 车道线是视觉传感器能够感知的最基本的信息,拥有车道线识别功能,即可实现高速公路的车道保持功能。

(2) 障碍物检测 障碍物种类很多,如汽车、行人、自行车、动物等,有了障碍物信息,无人驾驶汽车即可完成车道内的跟车行驶。

(3) 交通标志和地面标志识别 交通标志和地面标志可作为道路特征与高精度地图做匹配后辅助定位,也可以基于这些感知结果进行地图的更新。

(4) 交通信号灯识别 交通信号灯状态的感知能力对于城区行驶的无人驾驶汽车十分重要。

(5) 可通行空间检测 可通行空间表示无人驾驶汽车可以正常行使的区域。

五、视觉传感器的环境感知流程

视觉传感器环境感知流程如图 2-31 所示,一般包括图像采集、图像预处理、图像特征提取、图像模式识别、结果传输等,根据具体识别对象和采用的识别方法不同,环境感知流程也会略有差异。

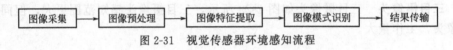

图 2-31 视觉传感器环境感知流程

(1) 图像采集 图像采集主要是通过摄像头采集图像,如果是模拟信号,要把模拟信号转换为数字信号,并把数字图像以一定格式表现出来。根据具体研究对象和应用场合,选择性价比高的摄像头。

(2) 图像预处理 图像预处理包含的内容较多,有图像压缩、图像增强与复原、图像分割等,要根据具体实际情况进行选择。

(3) 图像特征提取 为了完成图像中目标的识别,要在图像分割的基础上,提取需要的特征,并将这些特征计算、测量、分类,以便于计算机根据特征值进行图像分类和识别。

(4) 图像模式识别 图像模式识别的方法很多,从图像模式识别提取的特征对象来看,图像识别方法可分为基于形状特征的识别技术、基于色彩特征的识别技术以及基于纹理特征的识别技术等。

(5) 结果传输 通过环境感知系统识别出的信息,传输到车辆其他控制系统或者传输到车辆周围的其他车辆,完成相应的控制功能。

利用视觉传感器进行道路识别的流程如图 2-32 所示。

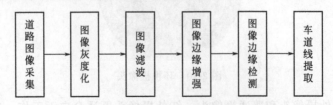

图 2-32 利用视觉传感器进行道路识别的流程

道路识别实例如图 2-33 所示。

(a) 原始图像采集

(b) 图像灰度化

(c) 图像滤波

(d) 图像二值化

(e) 车道线提取

图 2-33　道路识别实例（彩图）

六、视觉传感器的应用

视觉传感器是智能网联汽车实现众多预警、识别类 ADAS 功能的基础，见表 2-4。

表 2-4 视觉传感器在智能网联汽车上的应用

ADAS	使用摄像头	具体功能介绍
车道偏离预警系统	前视	当前视摄像头检测到车辆即将偏离车道线时发出警报
盲区监测系统	侧视	利用侧视摄像头将后视镜盲区的影像显示在后视镜或驾驶舱内
自动泊车辅助系统	后视	利用后视摄像头将车尾影像显示在驾驶舱内
全景泊车系统	前视、侧视、后视	利用图像拼接技术将摄像头采集的影像组成周边全景图
驾驶员疲劳预警系统	内置	利用内置摄像头检测驾驶员是否疲劳、闭眼等
行人碰撞预警系统	前视	当前视摄像头检测到车辆与前方行人可能发生碰撞时发出警报
车道保持辅助系统	前视	当前视摄像头检测到车辆即将偏离车道线时通知控制中心发出指示，纠正行驶方向
交通标志识别系统	前视、侧视	利用前视、侧视摄像头识别前方和两侧的交通标志
前向碰撞预警系统	前视	当前视摄像头检测到与前车距离小于安全车距时发出警报

根据不同 ADAS 功能的需要，摄像头的安装位置也有不同，主要分为前视、后视、侧视以及内置，如图 2-34 所示。

图 2-34 智能网联汽车摄像头安装位置

第六节 V2X 技术

一、V2X 定义

智能网联汽车 V2X 通信代表车辆与车辆通信（V2V）、车辆与基础设施通信（V2I）、车辆与行人通信（V2P）、车辆与应用平台或云端通信（V2N），如图 2-35 所示。

（1）V2V　V2V 是指不同车辆之间的通信，最典型的应用是车辆防撞系统。

（2）V2I　V2I 主要是指车辆与道路、交通灯、路障等基础设施之间的通信，用于获取

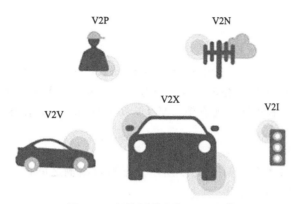

图 2-35 智能网联汽车 V2X 通信

交通灯信号时序、路障位置等道路管理信息。

(3) **V2P** V2P 是指车辆与行人或非机动车之间的通信,主要是提供安全警告。

(4) **V2N** V2N 主要是通过网络将车辆连接到应用平台或云端,能够使用应用平台或云端上的娱乐、导航等功能。

适用于 V2X 通信技术的主要有 LTE-V 和 DSRC 技术。

二、智能网联汽车 ADAS 对通信系统的要求

智能网联汽车 ADAS 对通信系统的要求见表 2-5。

表 2-5 智能网联汽车 ADAS 对通信系统的要求

分类	应用	通信类型	频率/Hz	最大时延/ms	定位精度/m	通信范围/m	适应通信技术
低延时、高频率	前向碰撞预警系统	V2V	10	100	1.5	300	LTE-V/DSRC/5G
	盲区预警/变道辅助	V2V	10	100	1.5	150	
	紧急制动预警	V2V	10	100	1.5	150	
	逆向超车碰撞预警	V2V	10	100	1.5	300	
	闯红灯预警	V2I	10	100	1.5	150	
	交叉路口碰撞预警	V2V/V2I	10	100	5	150	
	左转辅助	V2V/V2I	10	100	5	150	
	高优先级车辆让行/紧急车辆信号优先权	V2V/V2I	10	100	5	300	
	弱势交通参与者预警	V2P/V2I	10	100	5	150	
	车辆失控预警	V2V	10	100	5	300	
	异常车辆提醒	V2V	10	100	5	150	
	道路危险状况提示	V2I	10	100	5	300	
高延时、低频率	基于信号灯的车速引导	V2I	2	200	1.5	150	4G/LTE-V/DSRC/5G
	限速预警	V2I	1	500	5	300	
	车内标牌	V2I	1	500	5	150	
	前方拥堵提醒	V2I	1	500	5	150	
	智能汽车近场支付	V2I	1	500	5	150	

三、DSRC 技术

1. DSRC 的定义

专用短程通信技术（Dedicated Short Range Communications，DSRC）是一种高效的短程无线通信技术，它可以实现在特定小区域内对高速运动下的移动目标的识别和双向通信，如车辆与车辆（V2V）、车辆与基础设施（V2I）双向通信，实时传输图像、语音和数据信息，将车辆和道路有机连接。

2. DSRC 的参考架构

DSRC 通信系统的参考架构如图 2-36 所示。车辆与车辆之间以及车辆与路侧基础设施之间通过 DSRC 进行信息交互。

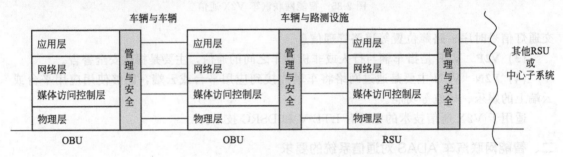

图 2-36 DSRC 通信系统的参考架构

DSRC 通信系统包含物理层、媒体访问控制层（MAC）、网络层和应用层。

（1）**物理层** 物理层是建立、保持和释放专用短程通信网络数据传输通路的物理连接的层，位于协议栈的最底层。

（2）**媒体访问控制层** 媒体访问控制层是提供短程通信网络节点寻址及接入共享通信媒体的控制方式的层，位于物理层之上。

（3）**网络层** 网络层是实现网络拓扑控制、数据路由以及设备的数据传送和应用的通信服务手段的层，位于媒体访问控制层之上。

（4）**应用层** 应用层是向用户提供各类应用及服务手段的层，位于网络层之上。

车载单元的媒体访问层和物理层负责处理车辆与车辆之间、车辆与路侧基础设施之间的专用短程无线通信连接的建立、维护和信息传输；应用层和网络层负责把各种服务和应用信息传递到路侧基础设施及车载单元上，并通过车载子系统与用户进行交互；管理和安全功能覆盖专用短距离通信整个框架。

3. DSRC 系统的组成

DSRC 系统主要由车载单元（On-Board Unit，OBU）、路侧单元（Road-Side Unit，RSU）以及 DSRC 协议 3 部分组成，如图 2-37 所示。路侧单元通过有线光纤（Fiber）的方式连入互联网。白车代表 V2V/V2I 类安全业务，绿车代表车载信息服务（Telematics）广域业务。车与车之间的信息交换通过 RSU 和 OBU 之间通信实现，Telematics 业务通过 802.11p+RUS 回程的方式实现。可以看到 DSRC 架构中需要部署大量的 RSU 单元才能较好地满足业务需要，建设成本较高。

4. DSRC 技术的应用

DSRC 技术在智能网联汽车上可实现 V2X 通信。DSRC 的有效通信距离为数百米，车辆通过 DSRC 以每秒 10 次的频率，向路上其他车辆发送位置、车速、方向等信息；当车辆

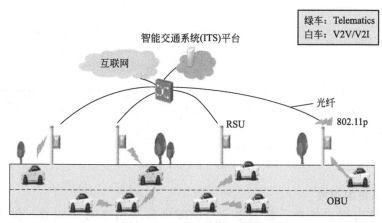

图 2-37　DSRC 系统（彩图）

接收到其他车辆所发出的信号，在必要时（例如马路转角有其他车辆驶出，或前方车辆突然紧急刹车、变换车道）车内装置会以闪烁信号、语音提醒或是座椅、转向盘振动等方式提醒驾驶员注意，如图 2-38 所示。

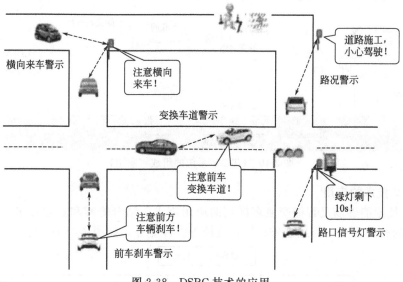

图 2-38　DSRC 技术的应用

四、LTE-V 技术

1. LTE-V 技术的定义

LTE-V（Long Term Evolution-Vehicle，长期演进-V2X）是我国具有自主知识产权的 V2X 技术，是基于 TD-LTE（Time Division-Long Term Evolution，分时长期演进）的 ITS（Intelligent Transport System，智能交通系统）解决方案，属于 LTE 后续演进技术的重要应用分支。LTE-V 按照全球统一规定的体系架构及其通信协议和数据交互标准，在车辆与车辆（V2V）、车辆与基础设施（V2I）、车辆与行人（V2P）之间组网，构建数据共享交互桥梁，助力实现智能化的动态信息服务、车辆安全驾驶、交通管控等，如图 2-39 所示。

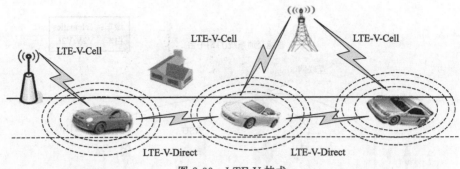

图 2-39　LTE-V 技术

2. LTE-V 系统的组成

LTE-V 系统由用户终端、路侧单元（RSU）和基站 3 部分组成，如图 2-40 所示。LTE-V 针对车辆应用定义了两种通信方式，即蜂窝链路式(LTE-V-Cell) 和短程直通链路式(LTE-V-Direct)，其中 LTE-V-Cell 通过 Uu 接口承载传统的车联网 Telematics 业务，操作于传统的移动宽带授权频段；LTE-V-Direct 通过 PC5 接口实现 V2V、V2I 直接通信，促进实现车辆安全行驶。在 LTE-V-Direct 通信模式下，车辆之间的信息交互基于广播方式，可采用终端直通模式，也可经由 RSU 来进行交互，大大减少 RSU 需要的数量。

图 2-40　LTE-V 系统的组成（彩图）

3. LTE-V 技术的应用

LTE-V 技术能够满足智能交通多样化的应用需求，结合蜂窝和直通技术，全面支持智能网联汽车的行驶安全、信息娱乐、后台监控等多种业务，如图 2-41 所示。

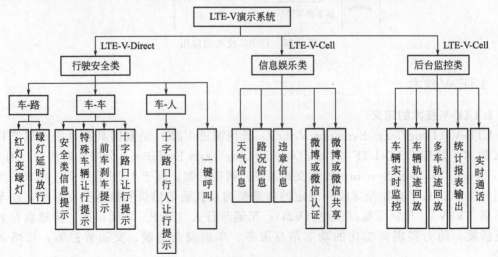

图 2-41　LET-V 技术在智能网联汽车上的应用

LET-V 技术在智能网联汽车上的应用场景如图 2-42 所示。

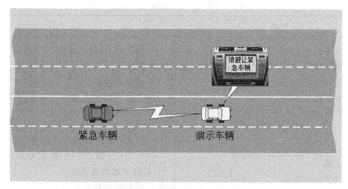

(a) 基于车-车通信的紧急车辆接近警示

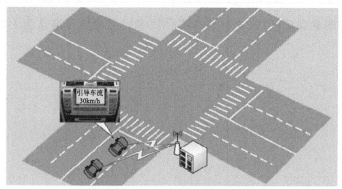

(b) 基于十字路口交通信息的车辆安全通行

(c) 基于车路协同的车辆引导控制

图 2-42 LTE-V 技术在智能网联汽车上的应用场景

五、LTE-V 技术与 DSRC 技术比较

LTE-V 是基于 LTE 的智能网联汽车协议,由 3GPP 主导制定规范,主要参与厂商包括华为、大唐电信、LG 等;DSRC 主要基于 IEEE802.11p 与 IEEE1609 系列标准,是一种专门用于 V2V 和 V2I 的通信标准,主要由美国、日本主导。

LTE-V 技术与 DSRC 技术的比较见表 2-6。

表 2-6　LTE-V 与 DSRC 技术的比较

特点	LTE-V 技术	DSRC 技术
优势	• 采用蜂窝技术，可管控 • 充分利用基础设施，V2I 实施有优势 • 移动性好，安全性高 • 可平滑演进至 5G • 电信产业(系统、芯片和运营商)支持	• 成熟度高，恩智普(NXP)等芯片商已开发满足汽车专用的芯片 • 可提高商用产品 • 美国交通部大力推进，可能在美国强制安装 • V2V 应用场景较为成熟
劣势	• 尚未成熟 • 跨部门协调难度大	• CSMA/CA 机制存在隐藏节点、数据竞争碰撞问题 • 5.9GHz 频段穿透性、传输距离受限，且由于干扰原因，在我国商用可能受阻 • 后续演进路线不明 • V2I 场景技术实施难度大

虽然目前没有明确我国的 V2X 将选择哪种技术，但业界普遍认为 LTE-V 将成为国内 V2X 通信标准。

第三章 智能网联汽车前向碰撞预警技术

第一节 概述

一、前向碰撞预警系统的定义

前向碰撞预警（Forward Collision Warning，FCW）系统是一种通过声音、视觉或触觉等感官获取信息方式辅助提醒驾驶员在行驶前方存在潜在碰撞危险的系统。该系统采用车载传感器（如摄像头、雷达等）实时检测本车与前方障碍物之间的方位、距离及相对速度，并通过一定的决策算法判断是否存在碰撞危险，当目前行驶状态存在碰撞危险时，将发出预警信息，提醒驾驶员减速，同时收紧安全带，如图 3-1 所示。该系统能够较好地避免人为观测存在的误差，有效降低交通事故的发生。

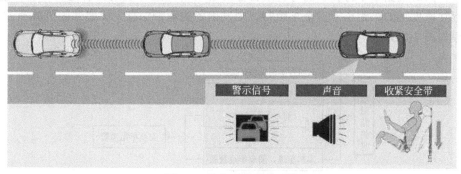

图 3-1 前向碰撞预警系统

二、前向碰撞预警系统的组成

前向碰撞预警系统由信息采集、电子控制和人机交互三个单元组成，如图 3-2 所示。

（1）信息采集单元 信息采集单元主要利用毫米波雷达采集前向车辆或障碍物的车距、车速和方位角信息，利用视觉传感器采集前向车辆或者障碍物的图像信息，利用自身车速、加速度传感器采集本车速度、加速度等信息。

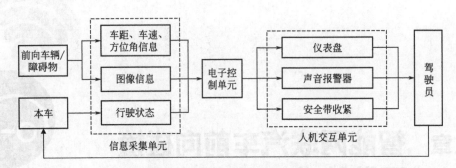

图 3-2　前向碰撞预警系统组成

(2) 电子控制单元　电子控制单元主要对前向车辆或障碍物的图像信息和车距、车速等信息进行信息融合,确定障碍物的类型和距离,结合本车行驶状态信息,采用一定的决策算法,评估是否存在潜在的碰撞风险,若存在,则向人机交互单元发出预警指令。

(3) 人机交互单元　人机交互单元主要接收由电子控制单元传来的指令,根据预警程度或级别的定义,进行相应预警信息的发布,如在仪表盘或抬头显示区域显示预警信息或闪烁预警图标、发出报警声音和收紧安全带等,提醒驾驶员采取措施进行规避。驾驶员接收预警信息后对本车采取制动行为,若碰撞风险消失,则碰撞报警取消。

三、前向碰撞预警系统的工作原理

前向碰撞预警系统作为一种主动安全的预警措施,在车辆行驶的过程中自动开启,通常情况下无法自行关闭,该系统只对本车行驶车道内的前方障碍进行预警,不受相邻车道行驶车辆的影响,因此,预警信息的准确性决定了系统的实用性。

前向碰撞预警系统工作过程主要根据电磁波反射原理,利用雷达对探测范围内的物体进行距离测量,并结合视觉传感器识别障碍物信息。若前方有车辆被识别出来,则对前方车距进行测量,同时根据本车行驶状况与有效目标的运动情况进行决策分析是否存在碰撞危险。若当前行驶速度下的车距小于安全车距时,则发出各类预警信息,提醒驾驶员减速。其具体工作原理如图 3-3 所示。

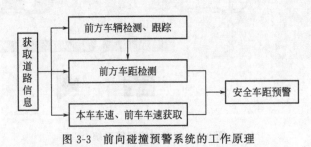

图 3-3　前向碰撞预警系统的工作原理

第二节　障碍物距离信息获取与处理

障碍物距离信息获取与处理是前向碰撞预警技术的重要环节,距离信息的准确与否直接影响系统的预警效果。根据工作原理,前向碰撞预警技术在障碍物距离信息获取与处理的过程中主要分为两个部分,即前方障碍物距离检测和前方障碍物识别。

一、前方障碍物距离检测

前方障碍物距离检测主要是指采用超声波传感器、毫米波雷达、激光雷达、视觉传感器等实现车距的实时检测,是前向碰撞预警系统的重要组成部分,该部分功能与前方障碍物识别同时进行,实现数据共享。距离检测传感器在行车的过程中不断获取目标障碍物的距离信息,并传输给电子控制单元进行处理。在上述传感器中,超声波测距原理简单、成本最低,但其测距精准度受室外温度影响大,衰减快,因此目前只适合短距离测距,主要用在倒车雷达上;激光雷达价格高昂,受雨雪、尘土等环境因素影响较大。因此实际应用中,常用的距离检测传感器是毫米波雷达和视觉传感器。

由于高频率的毫米波雷达探测距离较远,因此通常在行车过程中,先检测到障碍物距离信息,再根据障碍物距离信息变化对前方障碍物进行识别,最终确定是否进行碰撞预警。

采用视觉传感器进行障碍物距离测量的方法较为复杂,图片数据量较大,需要采用以太网等数据传输方案。目前常用的视觉传感器有单目照相机和双目照相机两种。单目照相机在距离测量过程中采用摄像机的焦距和事先确定的参数来估算车距,而双目照相机测距是利用视差的原理,通过对两幅图像进行计算机分析和处理,确定物体的三维坐标,可采用"公垂线-中点法"计算与障碍物之间的距离。鉴于视觉技术采集的信息量丰富,以及目前图像处理技术的巨大进步和计算能力已经能够保证图像处理实时性要求,价格低廉的视觉传感器方案也成为一种合适的选择。视觉传感器的障碍物距离测量如图 3-4 所示,对于前方车辆的跟踪和测距都是动态进行的,如果前方车辆突然变道超车,FCW 必须马上将跟踪车辆切换到新的目标上。

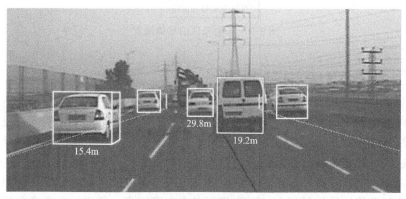

图 3-4 视觉传感器的障碍物距离测量(彩图)

二、前方障碍物识别

前方障碍物识别是前向碰撞预警系统必不可少的一个步骤,也是预警实施的前提条件,可以采用单目照相机、立体照相机、毫米波雷达以及多传感器融合等方式实现。目前,基于单目视觉灰度图像进行车辆识别的研究最为广泛,所涉及的算法也较多,ADAS 公司的 Mobileye 就是使用单目视觉方案来解决的。通常行车过程中前方的障碍物为车辆,因此一般依靠车辆特征信息,如车辆形状、车高与车宽的比例等作为检测前向车辆边缘的约束条件,对图像进行边缘增强处理后获得一些包含车辆信息的水平和垂直边缘,从而对车辆进行检测。

使用单目摄像头的算法简单,计算的实时性强,但单目视觉方案容易受到光照、阴影等外界环境因素的影响,使其可靠性下降。立体视觉是近年来兴起的另一种路径,直接模拟了人类视觉处理景物的方式,通过从多个视点观察同一景物,以获取在不同视角下的感知图像,但是现有的立体视觉技术还不太成熟,有待进一步开发。此外,为了突破单一传感器的局限性,采用多传感器信息融合技术也是当前研究的主流,常见的有视觉传感器与激光雷达的融合以及视觉传感器与毫米波雷达的融合。但是,目前多传感器的安装导致车辆总体成本升高,车内ECU计算更为复杂,存在一定的时间误差等问题,也值得深入研究。

车辆识别的具体流程如图3-5所示。

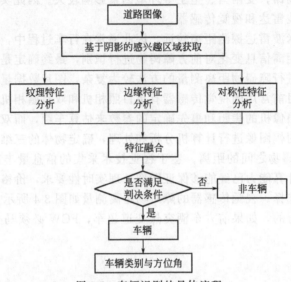

图3-5 车辆识别的具体流程

第三节 前向碰撞预警算法

汽车前向碰撞预警的目的是为了汽车在有可能发生碰撞的情况下,能通过报警信息及时提醒驾驶员注意减速,其主要算法的核心是对于行车过程中安全距离的设定与计算。当安全距离设定值过大时,则会导致频繁报警,影响行车的舒适性,对驾驶员造成较大干扰;当设定值过小时,则无法及时报警,车辆存在无法在碰撞前刹停的危险,危险性较大。

前向碰撞预警算法设计过程中,不能仅要考虑车距因素,还应综合考虑前后车的车速以及路况信息,避免车辆在拥堵时频繁接收到报警信息,造成驾驶员的困扰。前向碰撞预警算法主要分为建立安全距离模型和预警过程分析。

一、建立安全距离模型

建立安全距离模型主要是为了获得预警过程的阈值。常见的安全距离模型算法主要分为两类:一种是基于碰撞时间的行驶安全判断逻辑算法;另一种是基于距离的行驶安全判断逻辑算法。其中,基于碰撞时间的FCW算法主要计算从此刻起,两车若发生碰撞所花费的时间,将其与设定的安全时间阈值进行比较,若小于安全时间,则采取预警或制动措施;反之继续行驶。该算法的时间阈值固定,距离阈值根据车速而实时调整,但是由于两车发生碰撞的时间是基于车速和车距决定的,而两车的车速很难保证稳定,故算法应用较少。基于距离的FCW算法主要是比较前两车的实际距离与根据模型计算的安全距离,安全距离通常以车辆当前车速为基础进行确定，一般应大于或等于本车能够在碰撞之前刹停且不发生碰撞的距离，该算法运用较为成熟。

目前经典的安全距离模型主要有马自达模型、本田模型以及伯克利模型，均为基于距离的 FCW 算法。后续的很多模型都是在经典模型的基础上进行改良，如全工况模型。

1. 马自达模型

日本马自达公司研制开发的追尾碰撞避免系统的主要设计思路为：在正常跟车行驶情况下，系统不工作；当发现前车减速时，开始向前向碰撞预警系统发送信息；当与前车距离低于本车的制动距离时，系统向制动器发出指令，本车开始减速，最后与前车速度均减到 0 时，两车仍有一定的距离。但是如果在发出报警后，驾驶员没有采取制动减速措施，该系统便启动紧急制动装置，以避免发生追尾事故。该模型的本质是实时计算最小安全距离，从而对车速进行预警和控制。马自达模型报警距离为

$$D_w = \frac{1}{2}\left[\frac{v_1^2}{a_1} - \frac{(v_1+v_{rel})^2}{a_2}\right] + v_1\tau_0 + v_{rel}\tau_1 + D_0 \tag{3-1}$$

式中，D_w 为报警距离；v_1 为本车车速；v_{rel} 为相对车速；a_1 为本车减速度，一般取 $6m/s^2$；a_2 为前车减速度，一般取 $8m/s^2$；τ_0 为驾驶员反应时间，这里一般取 $0.15s$；τ_1 为系统延迟时间，这里一般取 $0.6s$；D_0 为刹停距离，一般取 $5m$。

马自达公司用大量试验验证了该系统的可靠性。试验结果表明，该系统已具备 3 个主要功能：通过扫描激光雷达对行车环境进行监测；判定车辆追尾碰撞的可能性；采用自动制动操作机构对车辆进行控制。

试验证明该系统在保护乘员安全、防止因驾驶员疏忽大意而造成车辆事故方面有明显效果。其缺点是该安全跟车模型假定前车随时都会以 $8m/s^2$ 减速度突然制动，为试图避免这种极端危险的情况，计算出的报警距离较大，导致系统频繁报警。但在实际行车中前车突然制动的情况不多，频繁报警反而容易使驾驶员麻痹大意，甚至影响到驾驶员的正常操作。

2. 本田模型

本田模型算法设定了两段报警距离——报警距离和制动距离，采用两段式报警的方式。报警距离的设定是以实验数据为基础的，表达式为

$$D_w = 6.2 - 2.2(v_2 - v_1) \tag{3-2}$$

$$D_b = \begin{cases} -v_{rel}\tau_2 + \tau_1\tau_2 a_1 - 0.5a_1\tau_1^2 & \dfrac{v_2}{a_2} \geqslant \tau_2 \\ v_1\tau_2 - 0.5a_1(\tau_2-\tau_1)^2 - \dfrac{v_2^2}{2a_2} & \dfrac{v_2}{a_2} < \tau_2 \end{cases} \tag{3-3}$$

式中，D_b 为紧急制动距离；v_2 为前车车速；a_1 为本车减速度，一般取 $7.8m/s^2$；a_2 为前车减速度，一般取 $7.8m/s^2$；τ_1 为系统延迟时间，一般取 $0.5s$；τ_2 为制动时间，一般取 $1.5s$。

本田安全跟车模型采用两段报警的方式，其对驾驶员的正常操作影响较小。该模型不能避免绝大多数的碰撞，只能减少碰撞的严重程度，一旦报警可能会引起驾驶员的极度恐慌，甚至会因恐惧而失去对车辆的控制。该模型准确性较低，不能实时反映行车路面情况，对驾驶员主观因素考虑不够。另外，该模型的建立以试验数据为基础，样本点选取的合适与否对模型影响较大。

3. 伯克利模型

伯克利模型也设置了两段报警距离：报警距离和制动距离。报警距离是沿用马自达模型

的安全距离值来设定的,并假定前车和本车最大减速度相等,即 $a_2 = a_1 = 6\text{m/s}^2$,其他参数定义和取值与马自达模型相同,报警距离为

$$D_w = \frac{1}{2}\left[\frac{v_1^2}{a_1} - \frac{(v_1+v_{rel})^2}{a_2}\right] + v_1\tau_0 + v_{rel}\tau_1 + D_0 \tag{3-4}$$

制动距离报警是在两车相碰撞前的时刻报警,该算法旨在减轻碰撞对驾驶员的损伤严重程度,亦即驾驶员听到报警时两车即将发生碰撞。制动距离为

$$D_b = -v_{rel}\tau_2 + 0.5a_1\tau_2^2 \tag{3-5}$$

该算法综合了马自达模型和本田模型的优点,建立了一个保守的报警距离和一个冒险的制动距离。报警预先给驾驶员一个危险提示,设定冒险的制动报警可以减少对驾驶员的干扰。而在各种运动状态下均采取同样的报警距离模式,不利于系统做出准确的危险判断。此外,制动报警启动时两车即将相撞,实际上该算法的制动报警只能减轻碰撞后果而不能避免追尾碰撞。

4. 全工况模型

全工况模型在经典模型的基础上进行改进,考虑了所有工况的追尾碰撞可能,适用性较强,有较好的实际意义。如图 3-6 所示是本车与前车的相对位置示意图。图中 X_1 为本车行驶的距离;X_2 为前车行驶的距离;D_0 为刹停距离;D 为刹车前车距。

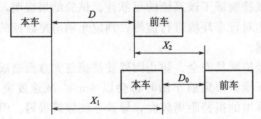

图 3-6 本车与前车的相对位置示意图

防撞报警距离为

$$D_w = X_1 + D_0 - X_2 \tag{3-6}$$

(1) 前车静止或为障碍物工况 当前车处于静止状态时,即 $X_2 = 0$,X_1 则为本车由初始速度减速到停止滑行的距离。报警距离为

$$D_w = v_1\left(t_h + t_a + \frac{t_s}{2}\right) + \frac{v_1^2}{2a_1} + D_0 \tag{3-7}$$

式中,t_h 为驾驶员反应时间;t_a 为制动协调时间;t_s 为制动减速度增长时间。

(2) 前车匀速或加速工况 在前车匀速或加速工况,本车速度必须大于前车速度才有可能发生碰撞。因此,两车间的最危险时刻是本车的速度减小至与前车同速时,如图 3-7 所示。如果在两车速度相等的时刻还没有发生碰撞事故,之后就不再可能发生碰撞事故了。因为最危险时刻以后,前车继续保持匀速或加速行驶,而本车仍在做减速运动,两车间距将变得越来越大,因此只需保证两车速度相等时不发生碰撞,整个过程就能保证绝对安全。同时,为了保持谨慎报警车距,把前车加速工况的报警距离直接合并到前车匀速工况中,即两种工况共用前车匀速工况的报警距离。

从开始制动到完全停止,本车行驶的距离为

$$X_1 = v_1\left(t_h + t_a + \frac{t_s}{2}\right) + \frac{v_1^2 - v_2^2}{2a_1} \tag{3-8}$$

前车行驶的距离为

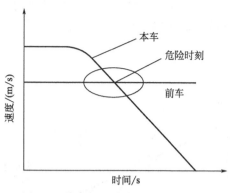

图 3-7　前车匀速运动时速度-时间图

$$X_2 = v_2\left(t_h + t_a + \frac{t_s}{2}\right) + \frac{v_2(v_1 - v_2)}{a_1} \tag{3-9}$$

报警距离为

$$D_w = v_{rel}\left(t_h + t_a + \frac{t_s}{2}\right) + \frac{v_1^2 - v_2^2}{2a_1} - v_2\frac{v_{rel}}{a_1} + D_0 \tag{3-10}$$

(3) 前车减速工况　前车减速工况可以分为三种情况：前车先停止，本车后停止；本车和前车同时停止；本车先停止，前车后停止。

① 前车先停止，本车后停止。该工况下，两车间的最危险时刻为本车停止的时刻，如图 3-8 所示。

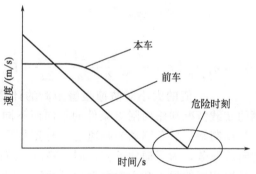

图 3-8　前车先停时速度-时间图

② 本车和前车同时停止。该工况下，两车间的最危险时刻为两车停止的时刻，如图 3-9 所示。

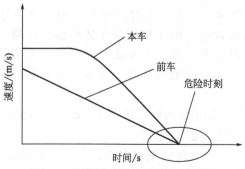

图 3-9　两车同时停止时速度-时间图

③ 本车先停，前车后停。该工况下，两车间的最危险时刻本应为本车减速到与前车速度相同的时刻，如图3-10所示。在能保证绝对安全的条件下，为简化计算，把最危险时刻确定为前车停止的时刻。

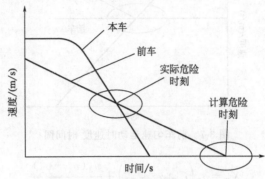

图3-10 本车先停时的速度-时间图

在这三种工况下，前车均制动至停止，本车也从某一速度采取制动至停止，所以，这三种工况在计算方法上均可简化为同一种。

在前车减速工况下，本车从开始制动到完全停下所驶过的距离为

$$X_1 = v_1\left(t_h + t_a + \frac{t_s}{2}\right) + \frac{v_1^2}{2a_1} \tag{3-11}$$

前车驶过的距离为

$$X_2 = \frac{v_2^2}{2a_2} + \frac{v_2}{2}t_s \tag{3-12}$$

报警距离为

$$D_w = v_1(t_h + t_a) + v_{rel}\frac{t_s}{2} + \frac{v_1^2}{2a_1} - \frac{v_2^2}{2a_2} + D_0 \tag{3-13}$$

① a_1、a_2 值的确定。a_1、a_2 值的大小对防撞报警距离的计算有很大影响。汽车制动减速度随轮胎类型、车辆的装载情况和路面附着条件的不同而不同。在实际的行车过程中，前车为主动制动，后车为被动制动，后车制动的减速度一般会大于前车制动的减速度。制动减速度主要取决于路面的附着系数，为了简化计算，同一路面上前后行驶的两车的减速度均按最大制动减速度选取，且取相同的值。在干燥沥青/水泥路面，取 $6.0 m/s^2$；在潮湿沥青/水泥路面，取 $5.0 m/s^2$；在冰雪路面，取 $3.0 m/s^2$。

② t_h、t_a、t_s 值的确定。t_h 是驾驶员反应时间，驾驶员反应时间的准确性对系统模型非常重要。若反应时间选取过长，则提醒报警距离的计算值偏大，会造成过多的虚报警，使驾驶员对提示系统产生厌烦感；若反应时间选取过短，则会导致系统的安全保障能力下降，不能完全避免事故的发生。由于驾驶员个体年龄、性别、情绪和反应能力等生理及心理素质因人而异、因时而异，再加上车速、目标物的大小、状态等多种外在因素的影响，驾驶员反应时间是一个很不确定的值。大量实验资料表明，驾驶员反应时间一般为 $0.6\sim1.0s$。

t_a 是制动协调时间，与车辆采取的制动结构及制动方式有关。针对液压制动，取 $0.1s$。

t_s 是制动减速度增长时间，通常取 $0.2s$。

③ 刹停距离 D_0 的确定。为了保证绝对安全，本车从采取制动至完全停车后，两车之间应保持一定的距离。该值选取得越大，系统的虚报率越高；选取得越小，系统的安全保障

能力越小,一般取 2~5m。

二、预警过程分析

前向碰撞预警功能主要用于潜在碰撞危险的提醒。为了减少驾驶员在驾驶过程中对频繁预警的忽视和厌烦,通常会设计多级不同形式的预警,以表示不同的危险程度。

前向碰撞预警过程只是发送信息,并没有对车辆的制动系统进行自动控制。但是当某个时刻安全预警已经来不及,再不制动就可能造成碰撞时,车辆通常会设计自动紧急制动功能,在本田模型和伯克利模型中均有体现,该动作可以最大限度地减少碰撞损失和保护驾乘人员。同时,为了减少自动紧急刹车触发的频率,D_0 值一般设计较小,而此时的紧急制动减速度一般较大,对驾乘人员形成较大冲击力。所以,自动紧急刹车不适合于速度过快的情形,高车速的自动防撞系统一般交由自动转向系统来实现。

为了实现不同级别的预警和紧急刹车,通常设计一个无量纲的预警算法,即

$$w = \frac{D - D_b}{D_w - D_b} \tag{3-14}$$

式中,w 为警告变量,用于表征本车前向不同程度的危险情况。

完成警告变量计算后,引入一个 0~1 之间的值 m,作为不同形式预警的分界点,该值可以根据驾驶员自身情况进行人为划分。当 $w \geq 1$ 时,表示车辆处于十分安全的距离;当 $m < w < 1$ 时,表示车辆处于危险之中,但危险程度不大,无须紧急制动,此时报警形式可以采用仪表盘或抬头显示区域警报灯闪烁;当 $0 < w < m$ 时,表示车辆处于危险之中且危险程度很大,但无须紧急制动,需要驾驶员尽快完成制动操作,此时的预警方式可以采用频率较高、声音较大的警报声;当 $w < 0$ 时,表示车辆处于极度危险状态,再不制动就会有碰撞危险,同时系统监测驾驶员有无制动动作,若无,则启动自动紧急制动。

汽车 FCW 系统总体预警过程如图 3-11 所示。

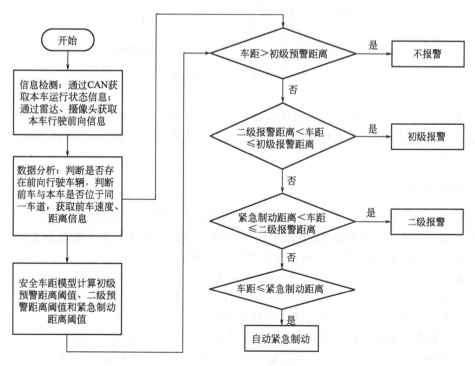

图 3-11 汽车 FCW 系统总体预警过程

第四节 前向碰撞预警系统仿真

汽车前向碰撞预警系统仿真主要运用软件的方法对安全距离进行计算和验证,实现报警信号的正确发送,也可以进一步对自动紧急刹车进行验证。前向碰撞预警系统仿真过程中较多采用 Matlab 和 CarSim 两款软件。利用 Matlab 和 CarSim 软件对于汽车前向碰撞预警系统仿真主要分为两个部分,分别为安全距离模型的建立和汽车纵向动力学仿真。

一、安全距离模型的建立

安全距离模型采用 Matlab 中的 Simulink 图形化窗口进行搭建,输入为前后两车的车速,输出为安全距离,其模型示例如图 3-12 所示。

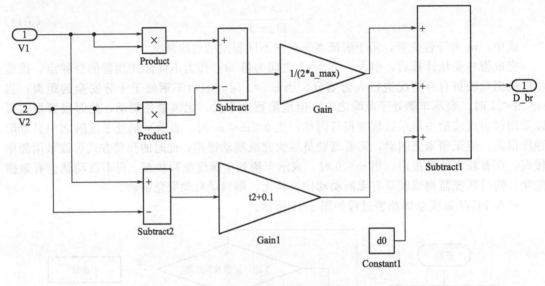

图 3-12 安全距离模型示例

完成安全距离模型搭建后,可以设置警告变量,确定不同报警情况下产生的制动压力和对发动机转矩或电动机转矩的控制,并将这些信息作为输入,与 CarSim 的汽车纵向动力学控制进行联合仿真。

二、汽车纵向动力学仿真

汽车纵向动力学仿真可以采用 Simulink 进行数学模型仿真,也可以采用 CarSim 进行动画仿真,两者的输入均为发动机/电动机转矩和制动力矩,输出为实际速度和实际加速度。利用 Simulink 建立的电动汽车纵向动力学模型示例如图 3-13 所示。

若利用 CarSim 进行动画仿真,则由于其默认采用发动机作为动力源,故更加适合燃油汽车的纵向动力学模型建立。在 CarSim 中,首先需要设置车辆参数,包括总体尺寸和载荷、动力系统、制动系统、转向系统、前后悬架等,如图 3-14 所示。

完成车辆参数设置后,根据需求对仿真工况进行设置,如图 3-15 所示。

在主界面 Run Math Model 中可以输出曲线和动画,动画示例如图 3-16 所示。

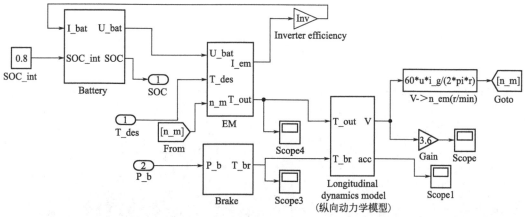

图 3-13　利用 Simulink 建立的电动汽车纵向动力学模型示例

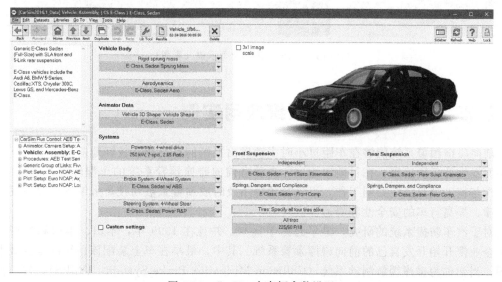

图 3-14　CarSim 中车辆参数设置

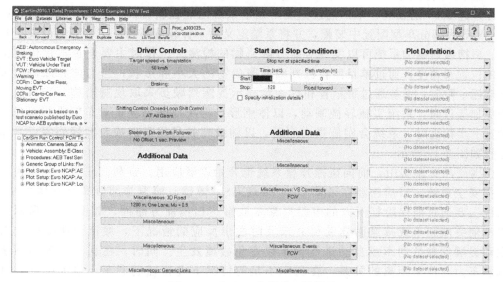

图 3-15　CarSim 中仿真工况设置

图 3-16 CarSim 仿真动画示例（彩图）

第五节 前向碰撞预警系统应用实例

前向碰撞预警系统能够在车距过小时主动发出报警信息，能够较好地避免由于跟车距离过小而发生的车辆追尾。在目前应用中，搭载有前向碰撞预警系统的车型较多，应用广泛，并通常与辅助刹车系统共同工作，以免在预警不及时或预警未被驾驶员采纳的情况下发生追尾碰撞，提高行车的安全性和舒适性。

对于汽车防撞系统的研究，最早起源于日本，并且在 1999 年，本田、丰田和日产三大整车企业便开始开发自己的前向碰撞预警系统。其中，最早在车上装配该系统的是美版本田雅阁，当初称为碰撞缓解制动系统（Collision Mitigation Brake System，CMBS），并一直在本田产品中沿用至今。

经过近 20 年的发展，本田的碰撞缓解制动系统已经在新雅阁、思域、锋范、UR-V、新 CR-V 等大部分车型配置中装配，并将系统定义为一种预测碰撞、主动预防的安全技术系统。碰撞缓解制动系统可以实现对前方障碍物的检测。工作时主要通过雷达检测出障碍物的位置及速度，通过单目照相机判断此障碍物的大小和形状，当与前方障碍物可能发生碰撞危险时，系统通过警示音和仪表盘显示提醒驾驶员采取规避措施。当与前方障碍物更加接近时，系统实施轻微制动，以体感形式再次提醒驾驶员对车辆进行操作。当车辆进一步接近时，系统会实施强力制动，以辅助驾驶员规避碰撞及减轻伤害，具体工作过程如图 3-17 所示。

在国产品牌车型中，前向碰撞预警系统也开始逐渐应用。吉利汽车将其称作为城市预碰撞安全系统，目前已经在帝豪 GL、帝豪 GS、博越、博瑞等部分车型配置中搭载。该系统主要通过前保险杠下方的中距离毫米波雷达扫描前方路面，如图 3-18 所示。当前方车辆突然刹车或减速而驾驶员并未及时做出反应的情况下，城市预碰撞安全系统会主动提醒驾驶员刹车或自动进行刹车以避免碰撞发生。同时，在刹车过程中系统会监测刹车力与前车距离的关系，在刹车不足的情况下进行辅助刹车，最大限度上避免碰撞发生。

第三章 智能网联汽车前向碰撞预警技术 61

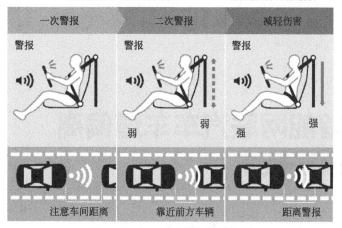

图 3-17 本田碰撞缓解制动系统

图 3-18 吉利城市预碰撞安全系统

第四章 智能网联汽车车道偏离预警技术

第一节 概述

一、车道偏离预警系统的定义

车道偏离预警（Lane Departure Warning，LDW）系统是一种通过报警或振动的方式辅助驾驶员减少汽车因偏离车道而发生交通事故的系统。该系统可以在汽车行驶过程中全程开启，常用的场景是在高速公路、城市快速路等路况较好、容易产生驾驶疲劳的公路环境。当驾驶员无意识（未打转向灯）让汽车偏离原车道时，系统需要在汽车偏离原车道前发出报警信号，提示驾驶员让汽车回到原车道内，减少因汽车非正常偏离原车道引发的危险，如图4-1所示。报警信号有仪表盘警示图标、语言提示、座椅或者转向盘振动等。

图 4-1 车道偏离预警系统

二、车道偏离预警系统的组成

车道偏离预警系统主要由信息采集单元、电子控制单元和人机交互单元等组成，如

图 4-2 所示。在该系统中,所有的信息均以数字信号的形式进行传递,通过汽车总线技术实现。

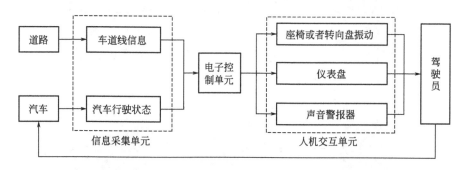

图 4-2 车道偏离预警系统的组成

(1) 信息采集单元 信息采集单元主要用于实现车道线信息和汽车自身行驶状态信息的采集。针对不同的道路条件和传感器类型,可采用不同的车道线检测方式,包括有高精度地图定位、磁传感器定位、视觉传感器定位等,其中采用视觉传感器定位的方式应用较为广泛。汽车自身行驶状态采集的信息主要包括车速、加速度、转向角等数据。在完成所有信息数据的采集后,信息采集单元需对数据进行模数转换,并传输给电子控制单元。

(2) 电子控制单元 电子控制单元是整个系统的核心部分,需要对所有的数据进行集中处理。在处理车道线信息时,由于传感器存在测量误差,因此需要对其进行误差修正,最后综合判断汽车是否存在非正常偏离车道的现象,如果发生非正常偏离,就发出报警信息。

(3) 人机交互单元 人机交互单元通过仪表显示界面、语音提示、座椅或转向盘振动等一种或多种方式向驾驶员提示系统当前的状态。当存在车道偏移时,提醒驾驶员及时修正行驶方向,并可以根据偏移量的大小实现不同程度的预警效果。

三、车道偏离预警系统的工作原理

车道偏离预警系统可以在行车的全程自动或手动开启,以监控汽车行驶的轨迹。当系统正常工作时,信息采集单元将采集车道线位置、车速、汽车转向角等信息,电子控制单元将所有的数据转换到统一的坐标系下进行分析处理,从而获得汽车在当前车道中的位置参数,并判定汽车是否发生非正常的车道偏离。当检测到在未开启转向灯的情况下,汽车距离当前车道线过近并有可能偏入临近车道时,人机交互系统就会通过转向盘振动、仪表盘警示图标、语音提示等方式发出警告,提醒驾驶员注意纠正这种无意识的车道偏离,及时回到当前行驶车道上,从而尽可能地减少车道偏离事故的发生。为了能够给驾驶员提供更多的反应时间和操控时间,车道偏离预警系统需要在偏离车道线之前发出提示。如果驾驶员打开转向灯,正常进行变道行驶,则车道偏离预警系统不会做出任何提示。

基于视觉传感器定位的车道偏离预警系统的工作原理如图 4-3 所示,该系统使用车载 CCD 照相机对道路图像进行拍摄,并将获得的图像信息输入给车载电子控制单元,辨识并处理图像信息;根据识别到的车道标识线,判断汽车在这一时刻是否已经偏离正常的车道,若存在车道偏离现象,则发出预警信息,驾驶员纠正偏离车道的汽车。

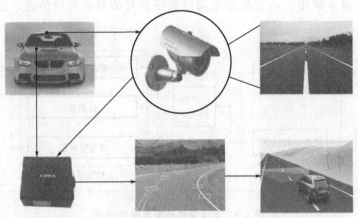

图 4-3 基于视觉传感器定位的车道偏离预警系统的工作原理

第二节 车道信息获取与处理

在车道偏离预警系统中，车道线识别是车道偏离预警的前提和基础，能否迅速、准确地识别出车道线将直接影响预警的准确性和及时性。目前的车道线识别技术主要有基于车道级的高精度地图对车道线进行识别，利用安装在车道上的磁道钉和安装在车头的磁传感器对车道线进行识别，利用视觉传感器对图像信息进行处理后对车道线进行识别等。

高精度地图定位对汽车传感器的要求较低，可以与导航系统共用定位系统和地图数据，但受到定位精度、卫星信号强度等因素的影响，车道线信息识别的准确性和及时性不高。磁传感器定位对路面要求较高，需要道路安装有磁道钉，利用磁感应的原理对车道线信息进行获取，具有较高的准确性和及时性。随着光学成像技术的逐渐成熟并在汽车上广泛应用，视觉传感器定位也开始用于车道线信息的获取，其通过特定的算法对车道线信息进行处理，实现较高的识别准确性和及时性，传感器安装也较为方便，但容易受到光线、恶劣天气等不利因素的干扰。

一、基于高精度地图定位的车道信息获取与处理

高精度地图定位主要采用全球定位系统（GPS）或北斗卫星导航系统获取汽车的位置信息，结合车道级的高精度电子地图，判断汽车目前行驶的车道，从而实现信息的采集。在该方法中，由于道路信息已在电子地图中存在，因此主要对汽车位置状态进行准确获取，并转换到同一坐标系下。如需要进一步提高定位精度，减少定位误差，可以采用多权重的地图匹配算法。

1. 卫星定位数据处理

汽车自身位置状态需要通过卫星的定位数据进行获取。卫星在运行的过程中不断向外发送数据，当系统接收器同时收到来自不同方位的 4 颗卫星发出的信号时，就能够利用多个卫星获得的导航电文来测量和计算与卫星间的距离，进而可以解算出接收器的位置坐标。以目前较为常用的 GPS 定位技术为例，其定位原理如图 4-4 所示。

在 GPS 定位技术中，常用的有伪距测量、载波相位测量和多普勒测量，其中最常用的是伪距测量，下面重点阐述伪距测量的原理。

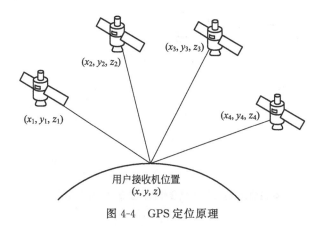

图 4-4 GPS 定位原理

GPS 接收器需要同一时刻测得与 4 颗卫星间的距离值,通过测量从卫星信号发出到接收器收到信号的时间差 τ,可求得两者之间的距离为

$$\rho = c\tau = c(t_r - t_s) \tag{4-1}$$

式中,ρ 为卫星与接收器之间的距离;c 为光速;t_r 为接收器收到信号的时刻;t_s 为卫星信号发出的时刻。

GPS 时间系统采用原子钟。因为接收器时钟和卫星时钟与原子钟存在时间不同步,从而产生时钟差,设 Δt_r 和 Δt_s 分别为接收器时钟差和卫星时钟差,因此真实测得的时间差 τ' 为

$$\tau' = (t_r + \Delta t_r) - (t_s + \Delta t_s) \tag{4-2}$$

真实的卫星时钟差由 GPS 地面监测系统测量,然后使用导航电文发送给接收器,所以这里设定的是已知值,因此考虑了卫星时钟差影响修正后的实际测得距离 ρ' 为

$$\rho' = c\tau' = c(t_r - t_s) + c\Delta t_r = \rho + c\Delta t_r \tag{4-3}$$

因为 ρ' 含有接收器的时钟差所引起的误差,所以它不是地面接收器到卫星的真实距离,通常把用户得到的测量距离值称为伪距观测值,因此接收器测得的第 i 颗卫星的伪距 ρ'_i 为

$$\rho'_i = \sqrt{(x-x_i)^2 + (y-y_i)^2 + (z-z_i)^2} + c\Delta t_r \tag{4-4}$$

式中,$i=1,2,3,4$;(x, y, z) 为接收器的位置坐标值;(x_i, y_i, z_i) 为第 i 颗卫星的坐标值。

通过联立 4 个方程式求解 4 个未知量就能得出用户的坐标 (x, y, z) 和时钟差 Δt_r。

2. 电子地图匹配

GPS 输出的位置信息是在大地坐标系下的经度、纬度和高程信息,为了实现地图匹配功能,地图数据和定位数据都要从大地坐标系下的经度、纬度和高程数据转换为平面直角坐标系下的坐标数据。

高精度电子地图已经包含有相应道路的详细信息,包括道路中心线的经纬度信息以及表示线路斜率的数据。地图匹配原理如图 4-5 所示。

地图匹配点可以通过垂直投影法得到,如图 4-6 所示。点 P 是汽车接收器定位点 G 在轨道上的投影,则线段 GP 长度成为 G 到路段 A_1A_2 的垂直距离,即横向误差。当垂直投影 P 位于路段 A_1A_2 的延长线上时,将离点 G 最近的一个线路数据点(即 A_1 或 A_2)作为投影点 P,如果在点 G 周围所有线路数据点中,点 G 到路段 A_1A_2 的距离最短,那么定位点 G 就与该段车道 A_1A_2 相匹配,并且认为投影点 P 是汽车的地图匹配位置点。

节点 A_1 与 A_2 的坐标值分别为 (x_1, y_1) 与 (x_2, y_2),那么经过点 A_1 与 A_2 的直线

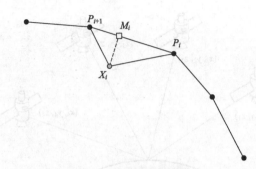

图 4-5 地图匹配原理
● 道路位置点；● 车辆接收机位置点；□ 地图匹配点

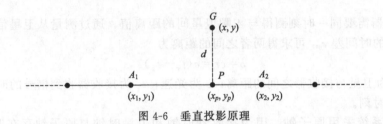

图 4-6 垂直投影原理

方程为

$$(y_1-y_2)x+(x_2-x_1)y+(x_1y_2-x_2y_1)=0 \tag{4-5}$$

若点 G 的坐标值为 (x, y)，则它在直线上的垂直投影点 P 的坐标 (x_p, y_p) 为

$$x_p=\frac{(x_2-x_1)[x(x_2-x_1)+y(y_2-y_1)]+(y_2-y_1)(x_1y_2-x_2y_1)}{(x_2-x_1)^2+(y_2-y_1)^2} \tag{4-6}$$

$$y_p=\frac{(y_2-y_1)[x(x_2-x_1)+y(y_2-y_1)]-(x_2-x_1)(x_1y_2-x_2y_1)}{(x_2-x_1)^2+(y_2-y_1)^2} \tag{4-7}$$

点 G 到线段 A_1A_2 的垂直距离（即垂线 GP 的长度）d 为

$$d=\frac{|(y_2-y_1)x+(x_2-x_1)y+(x_1y_2-x_2y_1)|}{\sqrt{(x_2-x_1)^2+(y_2-y_1)^2}} \tag{4-8}$$

地图匹配算法有两个重要匹配，即汽车启动时的初始匹配和启动后遇到分支点的匹配，这两个匹配阶段不同于其他时刻的匹配，既是重点也是难点。地图投影和地图匹配技术可以获得汽车在道路中的相对位置情况，把汽车位置和地图数据进行结合，是实现车道偏离预警决策方法的前提。

二、基于磁传感器定位的车道信息获取与处理

磁传感器定位根据诱导信号的产生方式分为磁带、信号电缆、磁道钉、磁道钉与磁带混合导航 4 种。磁传感器定位的工作原理是由安装在路面上的信号发生器（磁带、电缆或磁道钉）产生磁诱导信号，通过车载磁信号传感器探测到的感应电压来确定汽车在目标车道上的相对位置，车载计算机根据相对位置，对汽车进行实时控制。

早期对于车道偏离预警系统的研究大多采用磁传感器定位技术，其最大的优点是不受天气等自然条件的影响，即使对风沙或大雪埋没的路面也一样有效，而且便于维护，精确性和稳定性较好。另外，通过变换磁极朝向进行编码，可以向汽车传输道路特性信

息,如位置、方向、曲率半径、下一个道路出口位置等。下面介绍基于磁道钉导航的磁传感器定位技术。

1. 磁道钉的设计

在磁道钉的设计中,主要考虑磁道钉的材料、磁能级、外形尺寸和镀层等因素。由于信号的获取是由车载磁传感器来完成的,因此,在磁道钉的设计过程中,应该结合车载传感器进行研究。

磁道钉的磁能级大小主要与车载磁传感器所需信号的强弱有关。根据磁感应原理,信号主要由磁道钉的磁场强度来决定,并受到传感器安装高度的影响。因此,在传感器型号相同且安装高度统一、磁道钉外形尺寸固定的情况下,磁场强度应满足一定的要求。

在磁能级一定的情况下,埋设在路面的磁道钉的体积直接影响磁信号的强弱。在横截面积一定的情况下,高度和信号的强弱成正比。此外,磁道钉的截面选择和磁道钉的埋设间距有直接的关系。目前采用的磁道钉大小和埋设方式主要有两种:一种采用小直径短间距,如磁道钉高度100mm,直径24mm,埋设间距1.2m;另一种为大直径长间距,如磁道钉高度10mm,直径700mm,埋设间距2m。

2. 车道信息的获取与处理

在磁传感器对车道信号的获取和处理中,只需对信号的幅值和信噪比进行分析。

在对信号的幅值进行判断的过程中,若安装有5个相同传感器的汽车按照一定的速度通过埋设有磁道钉的路面时,5个传感器的感应电压大小不同。当汽车的中心线正好和磁道钉线路重合时,在产生的波形中间传感器所产生的幅值最大,两侧传感器的波形幅值逐渐降低,但两两相等,5个传感器信号的波形具有同周期性,波峰波谷具有同时性。当汽车发生车道偏离时,5个传感器的幅值大小分布将有所改变,当超过一定阈值后,可判断需要进行车道偏离预警。

信号的信噪比也可作为车道偏离的信息。当汽车装有磁传感器在磁场中行驶时,可测量其产生的信号的最大幅值和没有磁场情况下的干扰幅值,最终可以计算出信噪比,当汽车偏移磁道钉线时,随着信号的减弱,其信号的信噪比将明显变小。

三、基于视觉传感器定位的车道信息获取与处理

视觉传感器定位技术主要通过分析处理采集到的图像和视频得到汽车的位置信息及道路环境信息。视觉导航定位技术对路面基础设施的建设要求低,移植性能好,在目前的车道偏离预警系统中研究较为热门,此类方法在大范围道路应用方面有很好的前景。但其信息获取及处理较为复杂,决策过程易受到环境和道路状况的影响。

常用的视觉传感器有单目视觉照相机和双目视觉照相机,以单目视觉照相机为例进行介绍。单目视觉照相机可以采用CCD或CMOS传感器,但是由于采集到的彩色图像包括大量噪声,无法直接用于车道线的识别,因此需要先对采集到的图像进行预处理,包括灰度调整、降噪等。通过预处理得到较为理想的灰度图像,再进行图像的分割和边缘提取,同时建立路面坐标系与图像坐标系间的转换关系,最终完成车道线识别。

1. 坐标系变换

通过摄像头标定可确定摄像头采集到的图像与实际道路平面的对应关系,实际车道信息在世界坐标系中,摄像头采集的图像在像平面坐标系中,世界坐标系中的车道图像投影到像平面坐标系后会发生变形,因此需要利用变换矩阵对两平面坐标系进行变换。设像平面坐标系为UO_wV坐标系,世界坐标系为XOY坐标系,如图4-7所示为像平面坐标系与世界坐标系的投影变换关系。

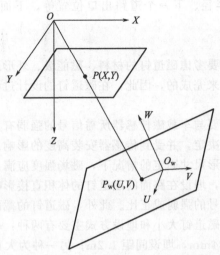

图 4-7 像平面坐标系与世界坐标系的投影变换关系

两平面坐标系变换方式为

$$\begin{bmatrix} X \\ Y \\ 1 \end{bmatrix} = M \begin{bmatrix} U \\ V \\ 1 \end{bmatrix} \tag{4-9}$$

式中，$(X, Y, 1)$ 为 XOY 坐标系坐标；$(U, V, 1)$ 为 UO_wV 坐标系坐标；变换矩阵 $M = \begin{bmatrix} m_{11} & m_{12} & m_{13} \\ m_{21} & m_{22} & m_{23} \\ m_{31} & m_{32} & 1 \end{bmatrix}$，可由摄像头标定或几何关系推导获取。

2. 图像预处理

图像预处理可大大减少初始图像中的干扰信息，提取出有效的路面信息，为后续的车道线检测提取提供帮助。常用的图像预处理方法包括图像色度转换、图像感兴趣区域（ROI）确定、图像增强等。

(1) 图像色度转换 通过摄像头或者视频文件获取的初始图像为彩色图像，在图像的点运算过程中，灰度图像相比彩色图像可以降低 2/3 的运算空间和复杂度，虽然灰度图像会丢失道路图像的色彩信息，但是其包含的灰度信息已经足以进行道路识别，因此在图像处理中应先将彩色图像转换成灰度图像，转换可以利用 Matlab 软件实现。

(2) 图像感兴趣区域（ROI）确定 为提高图像处理效率，可将图像划分为包含有效信息的感兴趣区域（ROI）和无效区域。在车道线识别过程中需采集大量车道图像，这些图像的两侧边缘和上部区域包含大量环境干扰信息，如云彩、远处的建筑物、道路两侧的树木、灯杆等，处理这些无效图像信息需要耗费更长处理运算时间并可能对车道信息的提取造成干扰，不利于提升车道检测的实时性和准确性。因此可以通过动态或静态设定感兴趣区域的像素对图像进行分割。

(3) 图像增强 图像增强是根据特定的研究目标突出图像中的部分信息，并削弱或去除图像中无关信息的一类图像处理方法。常见的图像增强方法有平滑滤波、高斯滤波、中值滤波等。

平滑滤波的数学形式为

$$f'_{x,y} = \frac{1}{q} \sum_{f_{x,y} \in Q} f_{x,y} \tag{4-10}$$

式中，$f'_{x,y}$ 为滤波后灰度图像矩阵的元素值；q 为邻域 S 包含的元素总数；Q 为原灰度图像矩阵中所滤波点的邻域，一般取 3×3 或 5×5 矩阵；$f_{x,y}$ 为原灰度图像矩阵的元素值。

平滑滤波对于邻域内的像素一视同仁，其优点在于算法简单，计算速度快；缺点是会导致处理后图像模糊化，增大邻域后，图像模糊程度会加深。为减轻平滑滤波处理后图像模糊程度，获取更好的平滑效果，在平滑处理算法中可适当提高邻域中心点附近像素的灰度权重，随着像素相对中心点的距离增大，其灰度权重迅速减小，从而保证中心点处灰度更接近相邻各点。

高斯滤波可将连续的二维高斯函数进行离散化，设高斯模板为 $(2k+1) \times (2k+1)$ 的矩阵，其元素 $\varphi_{x,y}$ 的值为

$$\varphi_{x,y} = \frac{1}{2\pi\sigma^2} \exp\left[-\frac{(x-k-1)^2 + (y-k-1)^2}{2\sigma^2}\right] \tag{4-11}$$

常用的 3×3 高斯模板为 $\psi = \frac{1}{16} \begin{bmatrix} 1 & 2 & 1 \\ 2 & 4 & 2 \\ 1 & 2 & 1 \end{bmatrix}$。

Matlab 中 σ 的默认值为 0.5，实际应用中对 3×3 的模板取 $\sigma = 0.8$。

平滑滤波和高斯滤波在处理图像时，若处理的像素点邻域内包含噪声点，则噪声点处的异常灰度值会影响该像素点处灰度值计算结果，为进一步改善滤波效果，减少模糊，可采用中值滤波。中值滤波根据统计排序滤波原理，分析得到图像中以点 (i, j) 为中心的邻域内所有像素灰度的统计排序中值，该值即为点 (i, j) 处中值滤波结果。中值滤波过程中极端噪声点常常被直接忽略，因此相比线性平滑滤波器，中值滤波在降噪过程中引发的模糊化程度较轻。

3. 图像分割与边缘检测提取

视觉传感器采集的彩色图像经预处理转换为较清晰的灰度图像，为了检测道路信息要对图像进行分割处理得到车道线的边界点，这就需要将图像中具有特殊意义的不同区域划分出来，即图像分割，图像分割一般采用的方法有阈值分割、边缘检测、区域生长等。图像分割质量直接影响到后续运算处理效果。通过图像分割可以得到道路图像的边缘信息。

(1) 阈值分割 阈值分割可以将一幅灰度图像转换为像素灰度仅为 1 或 0 的二值图像，其基本思想是根据确定的像素点灰度阈值，把图像中所有像素分为两类——前景像素和背景像素。一般来说，阈值分割可分为 3 步：确定阈值，比较阈值和像素灰度值，把像素归类。

对灰度图像进行阈值分割，首先需确定灰度阈值 T，然后将原图像每一个像素的灰度值 $f(x,y)$ 逐一与 T 比较，并根据比较结果将其分为两个集合，灰度值大于 T 的为一个集合；反之为另一个集合。经过分割之后的图像各像素的值 $g(x,y)$ 可以定义为

$$g(x,y) = \begin{cases} 0 & f(x,y) < T \\ 1 & f(x,y) \geq T \end{cases} \tag{4-12}$$

常见的阈值分割方法包括实验法、直方图谷底阈值法、最大类间方差法等。

实验法是人为规定阈值，受主观局限性较大。直方图谷底阈值法选取灰度直方图双峰间的谷底数值作为阈值，但易受到噪声影响。

阈值分割中选取的阈值应满足图像平均灰度与前景像素的平均灰度、背景像素的平均灰度间差别最大的条件，平均灰度差别可用方差来衡量。

(2) 边缘检测 边缘检测按算法原理可分为基于查找的算法和基于零穿越的算法。此

外，还包含统计判别算法、Canny 边缘检测算法等。

基于查找的算法是基于一阶导数的边缘检测算法，通过寻找图像灰度一阶导数中的极值来检测车道边界，梯度最大的位置即为车道线边界。常见的该类算法包括 Roberts 算子、Sobel 算子、Prewitt 算子等。

基于零穿越的算法是基于二阶导数的边缘检测算法，通过寻找图像灰度二阶导数零穿越点来寻找边界。高斯-拉普拉斯边缘检测算子（Log）为最常用的该类算法。

用各边缘检测算子检测边缘得到的图像如图 4-8 所示，分析可知 Canny 算子噪声点滤除效果较差；二阶算子（Log）对噪声点的响应较强，且车道线边缘的方向信息容易丢失；Roberts 算子利用局部差分算子寻找边缘，边缘定位精度高，但车道线边缘信息容易丢失且噪声抑制能力较差；Prewitt 算子充分考虑邻域信息，对噪声有较好的抑制能力。

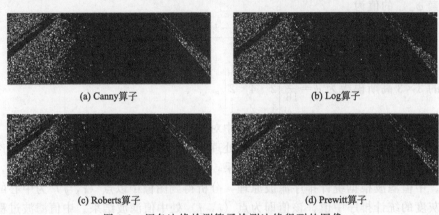

图 4-8　用各边缘检测算子检测边缘得到的图像

4. 车道识别

根据图像提取车道特征的过程在实际应用中易受噪声和光照不均等因素影响，可能无法获取连续的车道线边缘点，故需利用边缘连接方法将不连续的边缘像素点连接为有意义的完整车道线边缘。最常见的间断点边界形状检测方法是霍夫（Hough）变换，其原理是将图像坐标空间内像素点变换至参数空间内，通过分析参数空间内各点关系确定边缘形状参数，实现直线和曲线的拟合。

5. 车道中心线偏差计算

实际应用中，图像采集装置安装在汽车纵向中心轴线上，可认为采集的图像中心线方向为当前汽车纵轴线方向。车道中心线偏差计算如图 4-9 所示，设汽车预瞄距离为 L，预瞄点处横向偏差为 L_e，汽车行驶角度偏差为 θ_e，则汽车当前位置横向偏差为

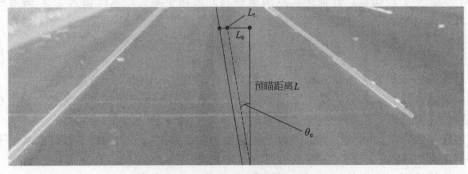

图 4-9　车道中心线偏差计算

$$L_t = L_e - L\tan\theta_e \tag{4-13}$$

第三节　车道偏离预警算法

车道偏离预警算法是一种通过传感器检测车道线，并结合汽车位置信息和状态信息得到汽车与车道线间相对位置关系并对偏离状态进行判断的控制算法。目前大部分研究均基于视觉传感器获得车道线信息，结合预警决策算法辨识汽车是否有偏离原车道的趋势。现在使用频率较高的车道偏离预警算法有汽车当前位置算法（Car's Current Position，CCP）、汽车跨道时间算法（Time to Lane Crossing，TLC）、预瞄偏移量差异算法（Future Offset Difference，FOD）、瞬时侧向位移算法（Instantaneous Lateral Displacement，ILD）、横向速度算法（Lateral Velocity，LV）、边缘分布函数算法（Edge Distribution Function，EDF）、预瞄轨迹偏离算法（Time to Trajectory Divergence，TTD）和路边振动带算法（Road Rumble Strips，RRS）等，其中 CCP 算法、TLC 算法和 FOD 算法应用较为广泛。

一、CCP 算法

CCP 算法是根据汽车在所行驶的车道中的当前位置信息来判断偏离车道的程度，即通过车道线检测算法计算出汽车外侧与车道线的距离信息来判断是否预警。CCP 算法示意图如图 4-10 所示。图中 L_1 为汽车左外侧至左车道标线的距离；L_r 为汽车右外侧至右车道标线的距离；L_t 为汽车中轴线至车道中轴线之间的距离；d 为车道宽度；b 为汽车宽度。

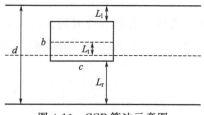

图 4-10　CCP 算法示意图

假设汽车中轴线平行于车道中轴线，则汽车左右外侧至左右车道线的距离分别为

$$
\begin{aligned}
L_1 &= \frac{d}{2} - \left(\frac{b}{2} + L_t\right) \\
L_r &= \frac{d}{2} - \left(\frac{b}{2} - L_t\right)
\end{aligned}
\tag{4-14}
$$

当 $L_1>0$ 且 $L_r>0$ 时，表明汽车保持在行驶车道内，系统不需要预警；当 $L_1<0$ 或 $L_r<0$ 时，表明汽车偏离车道，系统发出预警提示。

CCP 算法是根据汽车所在车道中的相对位置来判断是否发生偏离，由于该算法是根据汽车当前的实时位置进行判断的，如果触发警告阈值距离设置过大，则会干扰驾驶员的正常驾驶；如果触发警告阈值距离设置过小，此时发出警告，给驾驶员预留纠正驾驶行为的时间过短。另外，CCP 算法在汽车中轴线和车道中轴线不平行时，预警效果不理想，并且该算法还要用到摄像机标定以及图像重建等技术，增加了系统的复杂性，提高了系统的运算量。

二、TLC 算法

TLC 算法是指根据汽车当前状态，假设未来偏离过程中车速和航向角不变来预测未来汽车轨迹，计算出汽车跨越两侧车道线所需时间，该时间与设置的阈值进行对比，判断出汽车的偏离状态。利用车载传感器可获取当前汽车与车道中心线的距离 L_t，当前位置汽车行驶航向角为 θ_e。假设汽车行驶速度 v 的大小和方向保持不变，为计算出跨越时间 t，需要获取由当前位置驶出偏移方向同侧车道边界的行驶距离 L；汽车未来行驶过程中航向角不变，车长为 c，车宽为 b，车道宽为 d，TLC 算法示意图如图 4-11 所示。

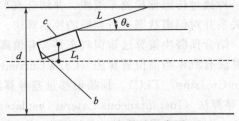

图 4-11 TLC 算法示意图

汽车实际高速行驶中 θ_e 较小，在计算汽车一侧至车道线距离时可近似认为汽车与车道线平行，则可计算出 L、t 分别为

$$L = \frac{\frac{d}{2} - L_t - \frac{b}{2}}{\sin\theta_e} \tag{4-15}$$

$$t = \frac{L}{v} \tag{4-16}$$

设 TLC 算法中确定的阈值为 T，当 $t \leqslant T$ 时，表示汽车驶出安全区域，偏离预警系统应向驾驶员发出警报。

TLC 算法能够保证给驾驶员预留足够的反应时间来纠正驾驶行为，但是由于该方法一般假设汽车的速度在较短的时间内保持不变，且没有考虑汽车航向角的变化，因此，TLC 算法的误报率相对较高。

三、FOD 算法

在实际车道线处向外扩展一条虚拟车道线，如图 4-12 所示。该虚拟车道线是根据驾驶员在自然转向时的偏离习惯而设计的，目的是降低误报率。若驾驶员从未有过这种偏离习惯，则可将虚拟车道线与实际车道线重合。

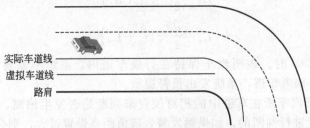

图 4-12 虚拟车道线与实际车道线

FOD 算法示意图如图 4-13 所示，t 为汽车行驶预瞄时间，可以根据驾驶员的驾驶习惯设定不同的预瞄时间；L'_t 为汽车行驶预瞄时间 t 后至车道中心线的距离。

假设汽车航向角不变，行驶预瞄时间 t 后，汽车与偏移方向同侧的车道线间横向距离 L_d 为

$$\begin{cases} L'_t = vt\sin\theta_e + L_t \\ L_d = \frac{d}{2} - L'_t - \frac{b}{2} \end{cases} \tag{4-17}$$

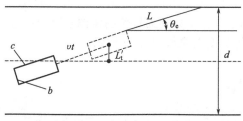

图 4-13 FOD 算法示意图

假设预瞄位置偏移量阈值 D，当 $L_d \leqslant D$ 时，表示汽车驶出安全区域，偏离预警系统应向驾驶员发出警报。

FOD 算法的中心思想是根据汽车未来几秒的行驶状态来判断是否发出车道偏离预警，其优点是误报率比较低，能给驾驶员留出足够时间采取适当措施，避免交通事故的发生。

第四节　基于单目视觉传感器的车道线识别

车道线识别是车道偏离预警功能的基础，实际应用中通过 CCD 照相机或 CMOS 照相机获取的彩色图像包括大量噪声，无法直接用于车道线的识别，需要先对采集到的图像进行预处理，包括灰度化、图像感兴趣区域确定、图像增强等。通过预处理得到较为理想的灰度图像，再进行图像分割与边缘检测，完成车道线识别。

一、图像预处理

图像预处理可大大减少原始图像中的干扰信息，提取出有效的路面信息，为后续的车道线检测提取提供帮助。常用的图像预处理方法包括图像灰度化、感兴趣区域（ROI）确定、图像增强等。

1. 图像灰度化

图像采集来源于某城市道路，单目视觉传感器拍摄的彩色原始图像如图 4-14 所示。

将彩色图像导入 Matlab 软件中，对彩色图像进行灰度转换，减少车道识别过程中的计算量。设置 RGB 色度空间和灰度空间的转换关系为

图 4-14　单目视觉传感器拍摄的彩色原始图像（彩图）

$$Y = 0.2989R + 0.5870G + 0.1141B \tag{4-18}$$

式中，Y 为灰度值；R、G、B 分别为彩色图像像素对应的红、绿、蓝。

彩色原始图像转换成的灰度图像如图 4-15 所示。

图 4-15 彩色原始图像转换成的灰度图像（彩图）

2. 图像感兴趣区域（ROI）确定

完成图像色度转换后，对图像感兴趣区域（ROI）进行确定。图像原图的像素为 1146×832，为降低干扰并提高算法的处理速度，设定感兴趣区域的像素为 1146×420，为原图像的偏下区域，如图 4-16 所示。

图 4-16 感兴趣区域的确定（彩图）

3. 图像增强

由于图像在采集、量化和传送等环节中均可能产生噪声，常见的噪声为高斯噪声和椒盐噪声，因此需要进行降噪。但由于目前照相机的光学成像技术较为先进，图像的噪声较小，此处在完成感兴趣区域的确定后，利用高斯滤波对噪声进行处理，完成滤波处理后的图像如图 4-17 所示。

图 4-17 高斯滤波处理后的图像（彩图）

二、图像分割与边缘检测

1. 图像分割

完成图像降噪后，由于车道线和道路间的灰度差值较为明显，需要进行图像分割，将灰度图像转换为二值图像。采用阈值分割方法中的最大类间方差法。

设图像中灰度值为 i 的像素个数为 n_i，灰度范围为 $[0, L-1]$，L 为灰度值的个数，则总的像素数 N 为

$$N = \sum_{i=0}^{L-1} n_i \tag{4-19}$$

单一灰度值出现的频率 p_i 为

$$p_i = \frac{n_i}{N} \tag{4-20}$$

并且对于 p_i 则有

$$\sum_{i=0}^{L-1} p_i = 1 \tag{4-21}$$

根据阈值 T 把图中的像素分为 C_0 和 C_1 两类，C_0 由灰度值在 $[0, T-1]$ 的像素组成，C_1 由灰度值在 $[T, L-1]$ 的像素组成，则区域中 C_0 的概率 P_0 和 C_1 的概率 P_1 分别为

$$P_0 = \sum_{i=0}^{T-1} p_i \tag{4-22}$$

$$P_1 = \sum_{i=T}^{L-1} p_i = 1 - P_0 \tag{4-23}$$

区域 C_0 和 C_1 的平均灰度 u_0 和 u_1 分别为

$$u_0 = \frac{1}{P_0} \sum_{i=0}^{T-1} i p_i = \frac{\mu_0}{P_0} \tag{4-24}$$

$$u_1 = \frac{1}{P_1} \sum_{i=T}^{L-1} i p_i = \frac{\mu_1}{P_1} = \frac{\mu - \mu_0}{1 - P_0} \tag{4-25}$$

式中，μ_0 为阈值小于 T 的灰度和频率乘积之和；μ_1 为阈值大于等于 T 的灰度和频率乘积之和；μ 为图像灰度和频率乘积之和，即为平均灰度。

平均灰度为

$$\mu = \sum_{i=0}^{L-1} i p_i = \sum_{i=0}^{T-1} i p_i + \sum_{i=T}^{L-1} i p_i = P_0 u_0 + P_1 u_1 \tag{4-26}$$

两个区域的总方差 σ_B^2 为

$$\sigma_B^2 = P_0 (\mu_0 - \mu)^2 + P_1 (\mu_1 - \mu)^2 = P_0 P_1 (\mu_0 - \mu_1)^2 \tag{4-27}$$

令 T 在 $[0, L-1]$ 范围随机取值，得到的 σ_B^2 最大值对应的 T 值即为最佳区域分割阈值。Matlab 中 im2bw() 和 graythresh() 函数可实现最大类间方差法阈值分割。对之前获取的灰度图进行阈值分割，计算出的 T 值为 0.4136，如图 4-18 所示为预处理后图像的灰度直

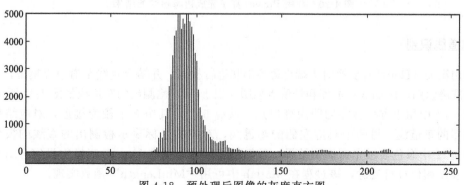

图 4-18 预处理后图像的灰度直方图

方图，横轴对应 0～255 的灰度值变化范围，纵轴表示图中像素取特定灰度值的次数。最大类间方差法阈值分割结果如图 4-19 所示，阈值分割可较清晰地分割出车道区域。

图 4-19　最大类间方差法阈值分割结果图

2. 边缘检测

利用 Prewitt 算子对图像进行边缘检测。设 G_x 和 G_y 分别为图像 $f(x,y)$ 在 x 及 y 方向上的梯度，那么在点 (x, y) 处的梯度可表示为一个矢量。定义为

$$G[f(x,y)] = \left[\frac{\partial f(x,y)}{\partial x} \quad \frac{\partial f(x,y)}{\partial y}\right]^T \tag{4-28}$$

该梯度在点 (x, y) 处的幅度值为

$$|G(x,y)| = \sqrt{G_x^2 + G_y^2} \tag{4-29}$$

幅度值也可简化为

$$|G(x,y)| = |G_x| + |G_y| \tag{4-30}$$

或

$$|G(x,y)| \approx \max\{|G_x|, |G_y|\} \tag{4-31}$$

如果对图像中的每个像素进行计算，则运算量很大，因此在实际边缘检测中可使用对应的简化模板进行检测，对于 Prewitt 算子，其模板为 $\begin{bmatrix} -1 & -1 & -1 \\ 0 & 0 & 0 \\ 1 & 1 & 1 \end{bmatrix}$ 和 $\begin{bmatrix} -1 & 0 & 1 \\ -1 & 0 & 1 \\ -1 & 0 & 1 \end{bmatrix}$，利用 Prewitt 算子完成边缘检测的结果如图 4-20 所示。

图 4-20　利用 Prewitt 算子完成边缘检测的结果

三、车道线识别

采用霍夫（Hough）变换对尖端点边界形状进行检测，并结合直线车道边界模型，对车道线进行准确识别，Hough 累加器和峰值点如图 4-21 所示，检测出的车道线如图 4-22 所示。

图 4-21 中用小方框标注的即为峰值点，共有 5 个，其中 3 个较为接近，对应结果图中右侧较粗的车道线，另两个对应左侧的车道线，对应的坐标表示检测出的直线的极坐标参数。图 4-22 中绿色表示车道识别结果，较短的线段可通过在 Hough 变换中设定合适的直线段最小长度阈值进行滤除，该过程在 Matlab 中可用"MinLength"函数实现。

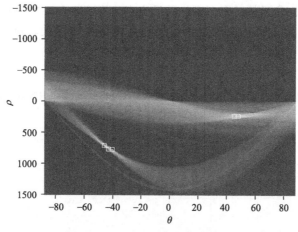

图 4-21　Hough 累加器和峰值点

图 4-22　检测出的车道线（彩图）

第五节　车道偏离预警系统仿真

车道偏离预警系统的仿真首先在 Simulink 中搭建车道偏离预警算法，这里采用的是 FOD 算法。同时在 CarSim 中建立道路模型和汽车模型。道路模型按照国标规定，设定车道宽度为 3.75m，道路曲率设为 1000m，完成设定的道路如图 4-23 所示。

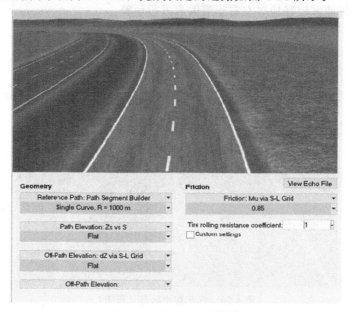

图 4-23　完成设定的道路

汽车模型中的参数参照某已有车型,并设定车速为30m/s,预瞄时间 t 设为0.5s,预瞄位置处偏差阈值 D 设为1m,并在CarSim中设定汽车参考行驶轨迹为双移线来验证算法,如图4-24所示。

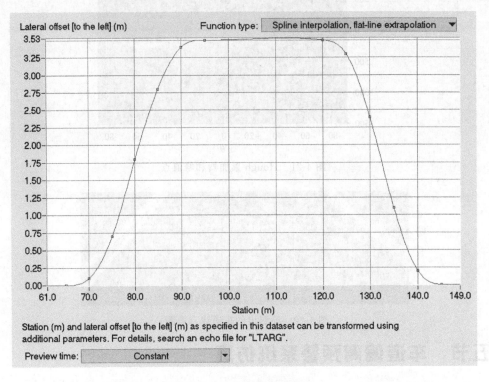

图4-24 汽车参考轨迹设定

汽车初始状态如图4-25所示,汽车左偏预警如图4-26所示,更改方向后的右偏预警如图4-27所示,系统能够较好地对左右车道偏离进行预警。

图4-25 汽车初始状态(彩图)

图 4-26 汽车左偏预警（彩图）

图 4-27 汽车右偏预警（彩图）

第六节 车道偏离预警系统应用实例

车道偏离预警系统最初仅装配在较为高档的汽车中，随着技术的发展，开始逐渐在普通车型上安装。但车型不同，其开启方式也不同，有些可在行车全程自动开启，有些需要手动开启，有些则需要在车速达到一定条件后才能自动开启。

日系车中车道偏离预警系统装车率较高。丰田推出的"Toyota Safety Sense"智行安全系统（规避碰撞辅助套装）中便包含车道偏离预警系统，在新推出的卡罗拉、凯美瑞等部分车型中均有装配。该系统主要使用位于驾驶室顶部的视觉传感器对车道线的信息进行提取，当出现车道偏离现象时，发出声音警报，如图 4-28 所示。

图 4-28 丰田车道偏离预警系统

福特的新蒙迪欧中也配备有车道偏离预警系统，该系统在每次启动后便会自动开启，驾驶员也可以选择手动关闭或者再次开启。当驾驶员在未开启转向灯的情况下，系统判定驾驶员对于即将越过车道标线的情况没有采取任何修正的转向时，会在仪表盘中发出提醒。新蒙迪欧的车道偏离预警系统手动关闭和再次开启按钮位置如图 4-29 所示。

图 4-29　新蒙迪欧的车道偏离预警系统手动关闭和再次开启按钮位置

国产车中也开始配备有车道偏离预警系统。吉利汽车在博越的部分车型中已经装配有车道偏离预警系统。系统在行车途中默认开启，也可以在中控屏幕中点击进行开启或关闭操作，并可以设置三种报警距离。视觉传感器安装在挡风玻璃后方，并实时监测前方车道线，当汽车出现非主动偏航时，及时警示驾驶员，避免危险发生，如图 4-30 所示。

图 4-30　吉利博越车道偏离预警系统

车道偏离预警作为一项能够有效规避驾驶事故的先进驾驶辅助技术，已经受到汽车厂商的重视。随着传感器技术和智能算法的发展，将会在汽车上得到普遍的推广。

第五章 智能网联汽车盲区监测技术

第一节 概述

一、盲区监测系统定义

盲区监测（Blind Spot Detection，BSD）系统也称汽车并线辅助（Lane Change Assist，LCA）系统，是汽车上的一款安全类的高科技配置。它通过超声波、摄像头、探测雷达等车载传感器检测视野盲区内有无来车，在左右两个后视镜内或者其他地方提醒驾驶员后方安全范围内有无来车，从而消除视线盲区，提高行车安全，如图5-1所示。

图 5-1 汽车盲区监测系统

目前上市的很多车型都有盲区监测的功能配置。汽车盲区监测除检测车辆以外，还应包括城市道路上汽车盲区内行人、骑行者的检测，以及高速公路弯道的检测与识别等。

二、盲区监测系统功能

汽车变换车道前，驾驶员需观测周围的环境，预测对其他道路使用者可能造成的威胁。根据相关法规的要求，驾驶员有责任确保本车后方和侧方的安全。如果驾驶员注意力不集中或者后视镜的角度调整不合适，很有可能注意不到视野盲区内的其他道路使用者，在这种情况下变换车道，很有可能引发交通事故。

此外，变换车道过程中错误地估计后方来车车速也是引发交通事故的主要因素，尤其是在高速公路上，驾驶员经常错误判断距离较远但车速很快的后方来车的影响。这种情况下不仅会导致本车与后车相撞，而且由于后车车速较快，其跟随车辆来不及反应，极易引发连环追尾事故。因此，汽车盲区监测系统应具备以下功能。

① 当有车辆或行人进入驾驶员视野盲区时，盲区监测系统应给予驾驶员提醒。

② 盲区监测系统应在驾驶员进行换道操作时对其进行辅助，监测其他车道上快速接近的后方来车，当驾驶员因对驾驶环境误判而可能做出危险驾驶行为时，盲区监测系统应发出警报。

③ 理想状态下，在任何路况、天气和交通环境下，盲区监测系统都能正常工作。

三、盲区监测系统要求

为了保证汽车的安全行驶，盲区监测系统具有以下要求。

(1) 实时性 盲区监测系统是一种以预防为主的车载装置，需要及时发现盲区内潜在的危险并发出警告，这无疑要求系统必须具有良好的实时性。尤其在高速公路上，车速快，如何实现实时检测是一个技术难点。实时性是整个系统具有实用价值的前提。

(2) 有效性和可靠性 系统的功能由其有效性来实现，同时需要一定的可靠性来保障。由于实际道路的复杂性及多样性，系统的有效性和可靠性受到挑战。骑行者作为非刚性物体，由于各种因素导致其外形在不断变化，对检测的有效性造成干扰；车道线残缺、其他交通工具的遮挡以及建筑或桥梁的遮挡等都会使得弯道检测失真。

实时性要求对传感器获取的数据进行快速分析和处理，这将对准确性有所影响，从而使整个检测过程更加困难。

四、盲区监测系统组成

汽车盲区监测系统一般由信息采集单元、电子控制单元和预警显示单元等组成，如图 5-2 所示。

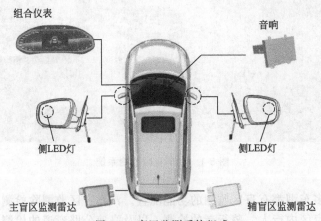

图 5-2 盲区监测系统组成

(1) 信息采集单元 信息采集单元利用车载传感器检测汽车盲区里是否有行人或其他行驶车辆，并把采集到的有用信息传输给电子控制单元。传感器主要有超声波传感器、红外传感器、视觉传感器和毫米波雷达等。

(2) 电子控制单元 电子控制单元对采集到的信息进行分析和判断，向预警显示单元发送信息。

(3) 预警显示单元 预警显示单元一般包括两侧后视镜 LED 灯、组合仪表盘或音响，它接收电子控制单元的信息，如果有危险，则发出预警显示，告知驾驶员此时不可变道。

五、盲区监测系统原理

当汽车速度大于某一阈值时，如 10km/h，盲区监测系统自动启动，如果监测范围内有车辆或行人，就会被信息采集单元监测到，计算出目标的距离、速度等信息，并将采集到的信息传递给电子控制单元；电子控制单元根据收到的信息判断进入监测范围内的车辆或行人是否对本车造成威胁，如果存在安全隐患，则通过预警显示单元提醒驾驶员，并根据危险程度、驾驶员的反应提供不同的预警方式。如图 5-3 所示为盲区监测系统一级报警，当电子控制单元认为存在驾驶风险时，预警显示单元会通过安装在两侧后视镜中的 LED 显示灯告知驾驶员。如果此时驾驶员没有注意到系统提醒，打转向灯准备变道，预警显示单元会通过 LED 发送一个闪光信号并发出蜂鸣声来警告驾驶员，避免交通事故的发生。如图 5-4 所示为盲区监测系统二级报警。

图 5-3　盲区监测系统一级报警

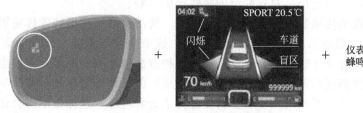

图 5-4　盲区监测系统二级报警

对于智能网联汽车，也可以采用 V2V 和 V2I 之间通信，告知驾驶员盲区内是否有车辆或行人。

第二节　盲区信息获取与处理

一、盲区类型

汽车视野盲区主要有前盲区、两侧盲区（包括 A 柱盲区、B 柱盲区和 C 柱盲区）、后盲区和后视镜盲区，其中，最容易引发交通事故的是 A 柱盲区和后视镜盲区。

1. A 柱盲区

A 柱盲区是最危险也是最为常见的两侧视野盲区，由于驾驶员距离 A 柱较近，所以驾驶员在观察前方路况时，左侧 A 柱导致的视野盲区范围会比右侧 A 柱导致的视野盲区范围大，如图 5-5 所示。

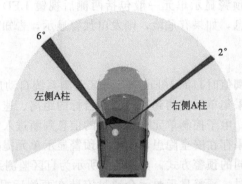

图 5-5　汽车 A 柱盲区

在汽车左右转向时，由于驾驶员的视线被 A 柱遮挡，在短时间内无法看清盲区内的障碍物或行人，如果驾驶员在转向时车速没有降到一定范围内，则很容易造成重大交通事故。

立柱盲区是由车身构造引起的，目前从结构理论上还无法完全消除。为了看清 A 柱盲区的交通状况，驾驶员行车中必须向前探身观察路况，正常驾驶姿势被破坏，可能引起误操作，造成交通事故。因此，消除汽车 A 柱盲区隐患是每个汽车驾驶员的迫切需要。目前 A 柱盲区消除问题主要有以下几种解决方案。

(1) 将 A 柱改成通透形式　将三角形的钢铁骨填充到树脂玻璃中，驾驶员可通过树脂玻璃观察外界，将 A 柱盲区降到最低。这种方法很大程度上减少了 A 柱盲区带来的安全隐患，但 A 柱盲区依然存在，同时汽车整体结构安全性降低。

(2) 双 A 柱设计　在 A 柱中间设计透明的三角窗，虽然该设计增加了驾驶员的视野，A 柱盲区得以减小，但是仍会对驾驶员的视线产生影响。

(3) 使用摄像头拍摄装置作为辅助驾驶系统　使用摄像头拍摄装置传递图像信息，在靠近 A 柱的平台上安装显示屏显示拍摄到的画面。这个角度与驾驶员驾驶时观察侧方事物的方向极为相似，具有开车时候的真实感，通过这种方法被遮挡的那部分区域也可以清晰地显示出来，遇到危险情况时驾驶员可以提前做出反应。但是如果直接利用车载显示器实时显示道路信息，驾驶员不得不持续调整自己的注意力来查看屏幕，这样做不但会让驾驶员极容易感到疲劳，也同样影响驾驶安全系数和乘坐的舒服性。

(4) "透明 A 柱" 技术　该技术主要的目的是为了提升汽车的安全性能以及智能化水平。此技术为 360°虚拟城市风挡，在该系统中，A 柱、B 柱、C 柱内表面带有显示屏，这些显示屏可以实时地显示那些安装在车身 A 柱、B 柱、C 柱对应盲区里的摄像头所拍下来的图像，同时提醒前方可能存在的目标（如行人及其他车辆）与汽车的距离。该系统通过无线传输可以与云端进行信息交换，诸如停车位、收费站、监控器等信号均可显示在 A 柱的显示屏上，因此被形容为"透明 A 柱"。该方案具有人性化、舒适度高等优点，但是成本较高，只能在高档汽车中应用。

2. 后视镜盲区

汽车后视镜盲区主要是指汽车行驶时车身两侧在后视镜可视范围之外的区域，驾驶员通过汽车后视镜能观察到车身附近周围信息，但也只是局限在一定角度范围内，如果超过这个范围，驾驶员就无法观测到周围汽车的行驶动态，如图 5-6 所示，①和②是盲区内的车辆；③是车内后视镜观测到的车辆；④是左右后视镜观测到的车辆。从外部辅路并入主路的汽车，如果速度快而且切入内侧车道的角度过大，就很容易发生交通事故。在大雨天气、大雾天气或夜间光线昏暗,更加难以看清后方车辆,此时变道就面临更大的危险。

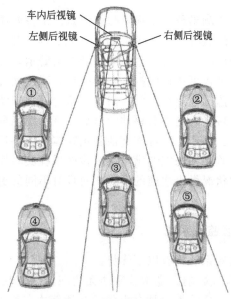

图 5-6　汽车后视镜盲区

为了扩大后视镜的观测范围,缩小盲区,可以采用加装广角后视镜的方法,将广角后视镜安装在两侧后视镜边缘,这在很大程度上可减小后视镜的盲区范围。

后视镜盲区监测系统采用一定的侦测系统(声、光、电)对特定的后视盲区进行探测,一旦有车辆或行人进入盲区范围,系统就会及时以图像或声音或两者并用的方式提醒驾驶员,从而减小由于后视镜盲区引发事故的可能性。

采用不同的信息采集技术,其信息的获取与处理方式具有很大的差异。常见的后视镜盲区监测系统主要有基于红外传感器的盲区监测系统、基于超声波传感器的盲区监测系统、基于视觉传感器的盲区监测系统、基于毫米波雷达的盲区监测系统。

二、基于红外传感器的盲区监测系统

基于红外传感器的盲区监测系统是借助红外扫描技术获得车辆侧面盲区的信息,可帮助驾驶员在变换车道时注意其侧面盲区中行驶的车辆,如果监测系统探测到有车辆驶入侧面盲区,就会在两侧后视镜上出现告警图标,即为驾驶员提供一个视觉化的警报。该监测系统比雷达便宜,且体积较小,可以安装在两侧后视镜、尾灯或车辆侧挡板上。但因该系统采用的是红外探测,其受温度的影响较大,误报的概率比较大。

三、基于超声波传感器的盲区监测系统

基于超声波传感器的盲区监测系统是利用嵌装在车尾一角的超声波传感器进行检测,当两侧车道 5m 范围内有车辆驶入时,车门后视镜上的警示灯便会亮起,提醒驾驶员有车辆进入盲区。驾驶员能通过开关控制该系统是否工作。

基于超声波传感器的盲区监测系统结构简单,价格便宜;但也有一些不足之处,其警示灯尺寸较小且很容易被阳光掩盖,以致驾驶员不得不仔细盯着后视镜以辨别警示灯是否点亮。另外,它并不能总是监控整个区域内的情况,而且如果传感器被沾上水或灰尘等,该系统将无法很好地工作。因此即使在一切正常的情况下,仍然可能出现预警漏报的情况。

四、基于视觉传感器的盲区监测系统

基于视觉传感器的盲区监测系统采用视觉传感器监视车身四周的视觉死角,从而减少汽车驾驶员因视觉盲区而引发的意外。当车速超过 10km/h 时,视觉盲区监测系统自动启动,若在警示区域内出现移动物体时,系统便会向驾驶员发出警示,驾驶员根据提示灯,注意其车辆盲区的移动物体;驾驶员也可通过中控台上的按钮关闭该系统。

基于视觉传感器的盲区监测系统在每侧车门后视镜上分别安装一台数字摄像机,该系统通过对比所拍摄的照片判断盲区内是否有移动的车辆。该系统能昼夜工作,它不但能识别汽车和摩托车,对停靠的汽车、路障、路灯和其他静止物体也能够识别并进行相应处理。

基于视觉传感器的盲区监测系统能够满足盲区检测系统实时性、鲁棒性等技术性能的要求,不仅能对道路上出现的状况做出快速的反应,而且对不同的道路环境和变化的天气条件具有良好的自适应能力。

五、基于毫米波雷达的盲区监测系统

毫米波雷达用于盲区监测系统具有以下优势。

① 穿透能力强,不受天气影响。毫米波雷达无论在洁净空气中还是在雨雾、烟尘、污染中,其衰减都弱于红外线、微波等,具有更强的穿透能力。毫米波雷达波束窄、频带宽、分辨率高,在大气窗口频段不受白天和黑夜的影响,具有全天候的特点。

② 体积小巧紧凑,识别精度较高。毫米波波长短,天线口径小,元器件尺寸小,这使得毫米波雷达系统体积小,重量轻,容易安装在汽车上。对于相同的物体,毫米波雷达的截面积大,灵敏度较高,可探测和定位小目标。

③ 可实现远距离探测与感知。由于毫米波在大气中衰减弱,所以可以探测与感知到更远的距离,其中远距离雷达可以实现超过 200m 的探测与感知。

毫米波雷达的诸多优势,使其在汽车盲区监测系统传感器中占据很大的市场份额。

盲区监测系统中的雷达监测部分主要包括信号发生模块、雷达前端以及由数据采集、信号处理和数据处理组成的信号处理模块,如图 5-7 所示。

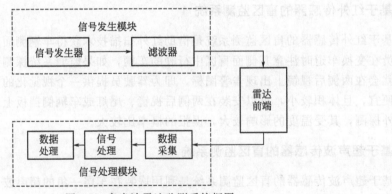

图 5-7 毫米波雷达监测系统框图

由信号发生器发出的信号,一部分输入混频器作为本振信号;另一部分通过天线以电磁的方式向外辐射出去。电磁波在空气中向前传播遇到障碍物时,一小部分电磁波会被反射回来,被天线截获后形成回波信号。将本振信号和回波信号同时输入混频器,可以得到差拍信号。差拍信号频率较低,其中包含障碍物和天线间的相对距离、相对速度等信息。

中频信号处理是盲区监测系统的重要组成部分，它决定系统的测距和测速性能。中频信号处理流程如图 5-8 所示，混频器输出的中频信号为模拟信号，进入数据采集模块后，首先要进行 A/D 转换得到数字信号，然后对数字信号进行频谱分析并求模，与门限判决，剔除虚警，最终输出目标的距离和速度信息。

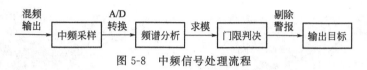

图 5-8　中频信号处理流程

第三节　基于视觉传感器的盲区监测算法

基于视觉传感器的盲区监测算法主要分为图像预处理和车辆检测两部分，该算法的整体流程如图 5-9 所示。其中图像预处理的主要目的是改善图像的质量，增强或削弱图像中的某些信息，为后续处理做准备；车辆的检测就是识别视频监测区域内是否有车辆驶入，一旦监测到车辆，系统即向驾驶员提供警报。

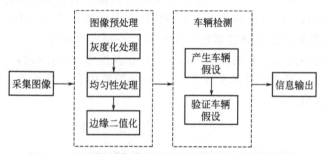

图 5-9　基于视觉传感器的盲区监测算法的整体流程

一、图像预处理

为了更好地识别分析图像内容，需要对图像信息进行前期处理，这里介绍一种基于边缘检测的方法。首先要对采集的彩色图像进行灰度处理和滤波处理，由此可以减少计算量并滤除图像采集中产生的噪声；然后通过运算，生成均匀性图，突出车辆的位置；最后通过自适应阈值分割，得到二值化的边缘粗提取。

1. 灰度处理

系统获得的原始图像为 RGB 彩色图像，包含色彩信息和亮度信息，经过灰度处理后，图像只包含亮度信息，并不包含色彩信息。原始彩色图像中，每个像素的颜色由 R、G、B 三个分量决定，而灰度图像是 R、G、B 三个分量相同的一种特殊彩色图像。灰度图像仍能准确描述色彩和亮度等级的分布与特征，但图像处理的计算量大幅度减少。

采用加权平均法将 RGB 彩色图像转化成灰度图像，加权平均法根据重要性和其他指标，将 R、G、B 三个分量以不同的权值进行加权平均。人眼对绿色敏感度最高，对蓝色敏感度最低，取灰度值为

$$I_{gray}=0.3R+0.59G+0.11B \tag{5-1}$$

式中，I_{gray} 为灰度化后的灰度值；R、G、B 分别表示红、绿、蓝灰度的分量。

灰度处理前后的效果如图 5-10 所示。

图 5-10 灰度处理前后的效果（彩图）

2. 滤波处理

在图像获取的过程中，受环境影响会产生噪声，比如车速抖动造成的噪声、光学噪声、图像采集过程中形成的量化误差等。有些噪声虽然表面上没有对图像造成太大改变，但是却会对图像分析的准确性造成影响，故需要通过图像滤波去除噪声。图像滤波的方法取决于噪声与图像的关系以及处理的具体要求，既要消除噪声，又要尽量保持所需的图像特征。

均值滤波是最常用的线性低通滤波器，它是指在图像上对目标像素给一个模板，该模板包括其周围的临近像素（以目标像素为中心的周围 8 个像素，构成一个滤波模板，即去掉目标像素本身），再用模板中的全体像素的平均值来代替原来像素值。

假设给定一幅大小为 $X \times Y$ 的图像 $A(x,y)$，在灰度级 L 范围内，$a(x,y)$ 是图像像素点 (x,y) 的灰度值，且 $0 \leqslant a(x,y) \leqslant L-1$。设滤波窗内有 k 个元素，则经过均值滤波得到的图像的对应灰度值为

$$a'(x',y') = \frac{1}{k} \sum_{m,n \in N} a(x,y) \tag{5-2}$$

式中，(x', y') 为滤波窗中心的像素点；N 为滤波窗。

常用的均值滤波器模板大小为 3×3 或 5×5，最简单的均值滤波器模板为

$$H = \frac{1}{9} \begin{bmatrix} 1 & 1 & 1 \\ 1 & 1 & 1 \\ 1 & 1 & 1 \end{bmatrix} \tag{5-3}$$

均值滤波处理前后的效果如图 5-11 所示。

图 5-11 均值滤波处理前后的效果（彩图）

3. 均匀性图的生成算法

均匀性图用来表征某一像素与其邻域中各像素的均匀程度，均匀程度以像素及其周围像素灰度值的标准差来表示，标准差越小，则曲线或曲面越均匀。

要得到均匀性图,首先要遍历灰度图像中每一个像素,并取每个像素周围 $d \times d$ 个像素的灰度值,其灰度值表示为 $I(x,y)$,那么,邻域像素的均值 u_{ij} 和标准差 σ_{ij} 可以定义为

$$u_{ij} = \frac{1}{d^2} \sum_{p=i-(d-1)/2}^{i+(d-1)/2} \sum_{q=j-(d-1)/2}^{j+(d-1)/2} I_{pq} \tag{5-4}$$

$$\sigma_{ij} = \sqrt{\frac{1}{d^2} \sum_{p=i-(d-1)/2}^{i+(d-1)/2} \sum_{q=j-(d-1)/2}^{j+(d-1)/2} (I_{pq} - u_{ij})^2} \tag{5-5}$$

记录图像中方差的最大值,并通过原灰度图像中的方差最大值将方差归一化到 $0 \sim 255$ 区间,用于图像显示及后续处理。通过该算法能够强调出边缘梯度强烈变化的像素点,而那些变化不明显的区域亮度较低,并且其运算量较小,能够快速地将一些孤立的噪声点以及那些边缘特征不明显的区域区分出来,突显车辆的位置。

4. 自适应梯度二值化分割算法

图像处理算法一般需要经过灰度化、二值化分割前景和背景、提取边缘等,但在实际应用中,二值化的结果会影响到边缘提取,真实场景较为复杂,很难通过固定的阈值将车辆与路面、背景分割开。因此一般采用一个或多个自适应阈值来对当前场景进行分割。

大津法是自适应阈值确定的方法之一,其主要思想是将图像分成背景和目标两个部分。记 $B(i,j)$ 为均匀性图像点 (i,j) 的亮度值,图像分辨率为 $X \times Y$。记 $f(k)$ 为亮度值为 k 的频率,则有

$$f(k) = \frac{n_k}{XY} \tag{5-6}$$

式中,n_k 表示亮度值为 k 的出现的次数。

假设用阈值 t 区分目标和背景,当 $B(i,j) \leqslant t$ 时,认为点 (i,j) 为目标对象中的点;当 $B(i,j) > t$ 时,认为点 (i,j) 为目标背景中的点,并记目标点出现的概率为 $p(i)$,则目标占整个图像的比例和目标像素点的总数分别为

$$\omega_0(t) = \sum_{0 \leqslant i \leqslant t} p(i) \tag{5-7}$$

$$N_0 = XY \sum_{0 \leqslant i \leqslant t} p(i) \tag{5-8}$$

背景占整个图像的比例和背景像素点的总数分别为

$$\omega_1(t) = \sum_{t \leqslant i \leqslant x-1} p(i) \tag{5-9}$$

$$N_1 = XY \sum_{t \leqslant i \leqslant x-1} p(i) \tag{5-10}$$

目标区域均值和背景区域均值分别为

$$\mu_0(t) = \frac{\sum_{0 \leqslant i \leqslant t} i p(i)}{\omega_0(t)} \tag{5-11}$$

$$\mu_1(t) = \frac{\sum_{t \leqslant i \leqslant x-1} i p(i)}{\omega_1(t)} \tag{5-12}$$

总体均值 $\mu(t)$ 为

$$\mu(t) = \omega_0(t) \mu_0(t) + \omega_1(t) \mu_1(t) \tag{5-13}$$

最佳的二值化分割阈值为

$$g = \arg \max_{0 \leqslant t \leqslant 255} \{\omega_0(t) [\mu_0(t) - \mu(t)]^2 + \omega_1(t) [\mu_1(t) - \mu(t)]^2\} \tag{5-14}$$

在该算法中，目标区域边缘及边缘周围的区域、背景为道路区域等亮度均匀的区域。该方法加粗了图像的边缘，使其模糊化，能够将车辆从光线不均匀、阴影区域中凸显出来，增强图像的边缘特征，大大减少干扰边缘对后续算法的影响。

二、车辆检测

采用从提出假设到验证假设的传统思路识别盲区内的车辆。通过图像预处理方法，有效地削弱噪声或其他因素对于车辆检测的影响，并得到车辆的边缘特征图，为车辆检测提供很大的便利。

车辆在图像中呈现一些比较鲜明的特征，比如车底阴影、对称性高、水平边缘丰富、信息熵等，这些特征常被图像处理算法用来检测和识别车辆。

这里介绍的车辆检测算法，首先基于该二值化边缘图对水平边缘进行聚类，根据图像中车辆的特征，排除一些杂质噪声，然后根据车辆的其他特征来验证产生的假设，确定盲区内车辆的位置。

1. 产生车辆假设

车辆存在丰富的水平边缘特征，如车窗、车底阴影、保险杠等，因此产生的车辆假设主要基于车辆的水平边缘进行分析。

在二值化边缘图中提取水平边缘直线，提取的结果为有些直线相邻，有些直线离得较远。假设两条相邻的水平边缘直线属于同一物体，并根据一定条件将这些直线合并，以减少后续计算量。

自上向下遍历检测所有直线，当两条直线在图像 x、y 方向上满足

$$x_{1_L} < \frac{|x_{2_L} - x_{1_R}|}{2} < x_{1_R} \tag{5-15}$$

$$|y_1 - y_2| < 5 \tag{5-16}$$

式中，下角标 L 和 R 分别表示线段的左右端点。

如果第二条直线的线段中点的列坐标位于第一条线段之内，则将两条直线进行合并，实现第一次合并。

图像再自下向上遍历直线，通过底边直线所占像素个数以及常见车辆的宽高比，虚构一个矩形框，对矩形框内的直线以一定的条件进行第二次拟合，并重新调整矩形框的高度，矩形框内的像素即为假设的车辆。

2. 验证车辆假设

由于车辆具有高对称性和高信息熵的特征，在产生车辆假设后，通过矩形框内像素的对称性和信息熵来验证假设，得到最终的检测结果。经过水平边缘合并后，得到的是粗边缘的车辆假设，下面对这些车辆假设进行分析。

对新生成的矩形框进行对称性分析，引入对称性测度，它是描述目标对称程度的一个统计值。根据矩形框内像素的灰度值，将其 y 方向上的灰度均值视为 x 方向的一维函数，即

$$g(x) = \frac{\sum_{y=y_0}^{y_n} f(x,y)}{y_0 - y_n} \tag{5-17}$$

设对称轴为矩形框竖直中轴 x_s，并以此对称轴分别向两边遍历灰度均值，引入两个函数分别为

$$O(u, x_s) = \frac{g(x_s + u) - g(x_s - u)}{2} \quad -\frac{w}{2} \leqslant u \leqslant \frac{w}{2} \tag{5-18}$$

$$E(u,x_s)=\frac{g(x_s+u)+g(x_s-u)}{2} \quad -\frac{w}{2}\leqslant u\leqslant\frac{w}{2} \tag{5-19}$$

式中，$O(u,x_s)$ 是奇函数，其均值为 0；而 $E(u,x_s)$ 是偶函数，其均值大于 0。将偶函数分量进行归一化，保证其均值为 0，才能将其与 $O(u,x_s)$ 比较，有

$$E^2(u,x_s)=E(u,x_s)-\frac{1}{w}\sum_{u=-w/2}^{w/2}E(u,x_s) \quad -\frac{w}{2}\leqslant u\leqslant\frac{w}{2} \tag{5-20}$$

定义目标矩形的对称性测度为

$$S(x_s)=\frac{\sum_{u=-w/2}^{w/2}E^2(u,x_s)-\sum_{u=-w/2}^{w/2}O^2(u,x_s)}{\sum_{u=-w/2}^{w/2}E^2(u,x_s)+\sum_{u=-w/2}^{w/2}O^2(u,x_s)} \tag{5-21}$$

根据概率统计学知识，将信息量定义为

$$I(l_i)=-\lg p(l_i) \tag{5-22}$$

式中，$p(l_i)$ 表示信源取 l_i 时的概率。

信息熵定义为信息量的数学期望，即

$$E(l)=\sum_{i=1}^{n}p(l_i)I(l_i)=-\sum_{i=1}^{n}p(l_i)\lg p(l_i) \tag{5-23}$$

图像区域信息熵越大，其信息量越丰富。根据车辆对称性和图像复杂性特点，引入熵值归一化的对称性测度排除虚假目标。熵值归一化的对称性测度定义为

$$\bar{s}_g=\frac{\dfrac{S(x_s)+1}{2}+\dfrac{E(l)}{E_m}}{2}=\frac{S(x_s)E_m+2E(l)+E_m}{4E_m} \tag{5-24}$$

式中，E_m 为灰度图像的信息熵的最大值，这里取 5.546。

熵值和熵值归一化的对称性测度分别取阈值 E_t 和 s_t，当 $E(l)>E_t$ 且 $\bar{s}_g>s_t$ 时，可以确定该矩形框内存在车辆。

第四节　基于毫米波雷达的盲区监测算法

基于毫米波雷达的盲区监测系统是通过毫米波雷达监测盲区内是否有车辆或行人通过，进而进行报警。

一、毫米波雷达信号处理算法设计

毫米波雷达的输出信号经过硬件电路处理后，被数字信号处理器的 AD 模块采样。要准确得到目标的信息，采样回来的数字信号还需要在数字信号处理器中进行一系列的处理。整个信号处理算法需满足以下要求。

① 为了最大程度避免高频信号带来的干扰，需要设计低通的数字滤波器对数字信号做进一步的处理。

② 因为雷达的输出信号是多个目标信号混合在一起的结果，所以需要设计相应的算法将每个目标对应的信号分开，并且准确识别出每个目标信号峰值的精确频率。

③ 在雷达识别目标时，很容易出现虚警，因此需要设计相应的算法对一些干扰进行排

除,从而尽量避免虚警的发生。

信号处理算法包括低通数字滤波器设计、傅里叶变换实现、峰值频率确定和虚警现象排除。毫米波雷达信号处理算法的流程如图 5-12 所示。首先对于 AD 采样获得的数据做低通数字滤波处理,滤除可能存在高频的干扰信号;通过离散傅里叶变换将时域数据转化为频域数据,以便于多目标的分离;对离散傅里叶变换的结果利用 CFAR 算法处理,去除杂波,减少虚警的发生;将真实目标信息通过 CAN 输出。

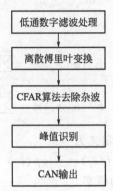

图 5-12　毫米波雷达信号处理算法的流程

二、低通数字滤波器设计与仿真

在实际使用中,毫米波雷达信号很容易受到噪声因素的干扰,虽然通过硬件电路可进行模拟滤波处理,但是实际效果难以达到理想水平,因此需要增设数字滤波器,进行数字滤波处理,去除数据中夹杂的高频噪声。比较常用的数字滤波器为有限冲击响应滤波器和无限冲击响应滤波器。有限冲击响应滤波器的极点是固定的,只能通过调整零点的位置实现需要的性能,阶数一般较高,计算量较大,但是固定的极点同时也保证了其严格的线性和稳定性。实际使用中需要对雷达信号的相位进行保留,需要较强的稳定性,因此多采用有限冲击响应滤波器。

有限冲击响应滤波器实现的方式有多种,其中横截型结构较为简单。假设有限冲击响应滤波器的阶数为 n,输入数据为 $x(n)$,输出数据为 $y(n)$,单位冲击响应为 $h(n)$,则对应的横截型结构如图 5-13 所示。

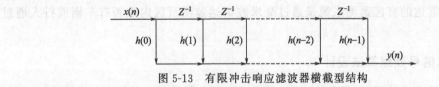

图 5-13　有限冲击响应滤波器横截型结构

有限冲击响应滤波器横截型结构的差分方程为

$$y(n)=hx=\sum_{m=0}^{n-1}h(m)x(n-m) \tag{5-25}$$

从差分方程可知,有限冲击响应滤波器设计就是对 $h(m)$ 的设计。滤波器设计需要借助 Matlab 等工具进行辅助设计,一般使用 Matlab 的 FDATool 工具箱来进行辅助设计。

为验证设计结果的性能,使用 Matlab/Simulink 进行验证,在 Simulink 中利用设计好的模块搭建验证模型。如图 5-14(a) 所示为该模型的输入，32kHz 正弦波和 60kHz 正弦波的混合，如图 5-14(b) 所示为该模型的输出，从图中可以看出，输出信号只剩下 32kHz 的信号，处于阻带范围内的 60kHz 信号被完全滤除。可初步验证该模型可以达到预期的滤波效果。

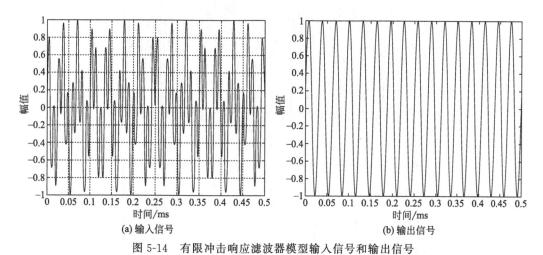

图 5-14 有限冲击响应滤波器模型输入信号和输出信号

三、傅里叶变换实现与验证

快速傅里叶变换理论利用蝶形运算的方式，将长序列的离散傅里叶变换运算变换成多个短序列的离散傅里叶变换运算来实现，极大地减少了计算量，从而使得离散傅里叶变换理论不再受计算量的限制，得到广泛的应用。

快速傅里叶变换算法需要确定采样频率和计算点数。根据采样定理，要复现原始信号，采样频率需要大于原始信号最高频率成分的 2 倍，为达到较好的效果，在实际使用中，采样频率一般选取信号最大频率的 4 倍。若目标信号频率最大值为 40kHz，采样频率要选择 160kHz，结合 AD 转换器的实际情况，采样频率选择 187.5kHz。AD 转换器以选定的采样频率工作时，在 100Hz 调制信号上升段的 0.005s 内最多可以采得 937 个计数点数，且两端的 200 多个计数点数由于处于转折过渡区，不能使用，因此可用于快速傅里叶变换算法的计数点数最多为 700 个。此外，离散傅里叶变换算法的计算结果是离散的点，点与点之间存在盲区，不可避免地会出现栅栏效应，栅栏效应带来的误差为

$$\Delta f = \frac{f_s}{n} \tag{5-26}$$

采样频率确定后，计数点数 n 越大，栅栏效应带来的误差越小。由于计数点数 n 必须为 2 的整数幂，快速傅里叶变换的计数点数取为 512，此时栅栏效应带来的误差为 366.21Hz。如果进一步增大变换点数，为获得足够的采样点，必须增大采样频率。此时频率和点数同时增大，栅栏效应误差不会减小。

根据选定的参数，使用 Matlab 软件进行验证，仿真结果如图 5-15 所示。

其中，如图 5-15(a) 所示为输入信号，是 15kHz、30kHz 和 35kHz 三种频率正弦波的混合，经快速傅里叶变换处理后得到的频域特性如图 5-15(b) 所示，频域中共有三个波峰，频率分别是 15kHz、30kHz 和 45kHz，在其他频率处幅值几乎为零。输出频谱特性

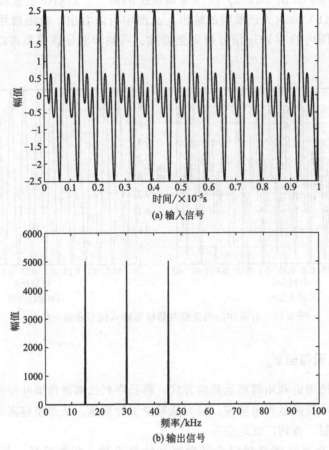

图 5-15 快速傅里叶变换输入信号与输出信号

与输入信号的频率特性完全一致,证明所设计的快速傅里叶变换算法可以达到较好的效果。

四、峰值频率确定算法

要计算目标的距离和速度等信息,首先需要确定目标信号的频率,所得到的频率精度越高,那么计算结果的精度就越高。信号频率检测的方法有多种,包括过零检测法、时域分析和小波变换法、频域谱分析法等。过零检测法计算比较简单,但误差较大,难以满足精度需求;时域分析和小波变换法的计算量比较大,实时性差,一般用于离线环境下使用。因此,毫米波雷达盲区监测系统一般采用频域谱分析法,将时域信号转换为频域信号,然后对频域信号进行分析识别。

理论上,频谱中每出现一个波峰均代表存在一个目标物体。但是实际应用中,雷达信号会受到外界因素干扰,频谱中会出现一些峰值较小的干扰波峰,因此确定峰值频率时,要剔除干扰波峰。一般目标波峰的峰值比干扰波峰的峰值大,因此可以采用阈值法将两者区分,从而剔除干扰波峰。阈值法识别盲区内的目标如图 5-16 所示。选择合适的阈值,峰值比阈值小的波峰认为是干扰波峰,剔除掉;而峰值比阈值大的波峰则认为是目标波峰。所以阈值的选择决定目标的识别效果。在实际应用中,阈值的选择一般需经过试验测试来确定。此外,从图 5-16 中可以看出,如果两个目标距离很近,频谱图中两者的边缘效应会相互影响,导致两个波峰分界点的幅值仍大于阈值,即在一个区间内存在两个目标波峰,若按照最大值法选择波峰,会忽略其中一个目标,此时可选用极值法确定区间内每一个极值,每个极值均视为一个目标。

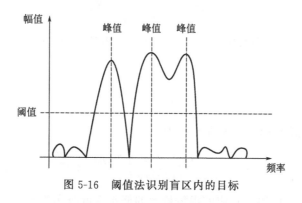

图 5-16　阈值法识别盲区内的目标

五、虚警现象排除算法

用于盲区监测的毫米波雷达,若不进行优化处理,可能会出现虚报。在实际应用中,车辆周围的物体也会发射毫米波雷达发出的信号,因此毫米波雷达输出信号中会夹杂环境信息,同时雷达内部的一些元件形成的热噪声也会对雷达的输出信号产生影响。当干扰信号的幅值超过阈值时,干扰信号就会被误认为是目标信号,造成虚警现象。阈值越大,出现虚警现象的概率越低,但是阈值设置过大,会导致目标信号被排除,发生漏警现象。而且固定的阈值无法适应环境的变化,当干扰信号的功率变化时,发生虚警现象的概率也会随之相应地变化。所以为了最大限度地降低虚警发生的概率,应设计自适应的阈值,可由恒虚警(Constant False-Alarm Rate,CFAR)算法实现。

目前,多使用高斯分布模型来模拟干扰信号的分布模型,高斯模型经平方检波后,其概率密度服从指数分布。在指数分布的杂波环境中,一般采用均值类的 CFAR 算法中的算术平均值(CA-CFAR),该算法的原理如图 5-17 所示。其中 x_i 为目标单元的幅值,两侧的 $2n$ 个 X_i 为参考单元的幅值,CA-CFAR 算法的基本原理是依据目标单元周围 $2n$ 个参考单元幅值的算术平均值,来估计目标单元附近杂波的功率。为了减少目标信号对杂波功率估计造成的影响,在目标信号两侧各留两个单元作为保护单元,以估计出来的杂波功率乘以相应的系数来确定阈值,并与目标单元的功率进行比对。如果目标功率值比阈值大,则表明该目标单元包含有目标信息,此时输出为目标功率值的开平方值;如果目标单元的功率比阈值

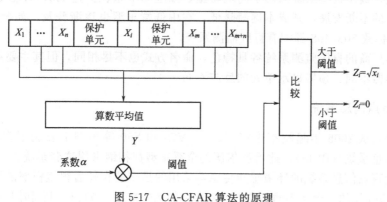

图 5-17　CA-CFAR 算法的原理

小,则表明该目标单元不含有目标信息,此时输出为 0。

参考单元幅值的算术平均值为

$$Y = \frac{1}{2n}\left(\sum_{a=1}^{n} X_a + \sum_{b=m}^{m+n} X_b\right) \tag{5-27}$$

假设阈值系数为 α,则阈值可表示为 $S=\alpha Y$。参考单元 X_i 服从指数分布,对应的概率密度函数可表示为

$$f_x = \frac{1}{\lambda} e^{-\frac{x}{\lambda}} \tag{5-28}$$

由此可推导出阈值 S 的概率密度分布为

$$f_S = \frac{1}{(2n-1)!} \left(\frac{\alpha}{2n\lambda}\right)^{2n} S^{2n-1} e^{-\frac{2nS}{\alpha\lambda}} \tag{5-29}$$

由奈曼-皮尔逊准则可知,对应的虚警概率的概率密度分布为

$$P_{fa} = \int_s^{+\infty} \frac{1}{\lambda} e^{-\frac{x}{\lambda}} dx = e^{-\frac{A}{\lambda}} \tag{5-30}$$

式中,S 为随机变量。对 S 积分可以得到虚警概率为

$$P_{fa} = \int_0^{+\infty} e^{-\frac{x}{\lambda}} f_S dS = \left(1 + \frac{\alpha}{2n}\right)^{-2n} \tag{5-31}$$

虚警概率与杂波的参数无关,只与阈值系数 α 和参考单元数目 $2n$ 有关,只要确定这两个变量,虚警概率也就确定;反之,只要选定虚警概率,就能得到相应的阈值系数为

$$\alpha = 2n\left[(P_{fa})^{-\frac{1}{2n}} - 1\right] \tag{5-32}$$

选取预警概率为 0.005%,参考单元的个数 $2n$ 为比较常用的 16,可得阈值系数 α 为 13.71。

毫米波雷达可准确识别盲区内的目标,并通过 CAN 总线发送信息,通过 LED 灯或蜂鸣器,提示驾驶员在盲区内有目标驶入,注意安全驾驶。

第五节 盲区监测系统应用实例

盲区监测系统能避免行车安全隐患,提高车辆行驶安全性,许多汽车厂商都推出各自的盲区监测系统,最初这些系统只用于高端车型,如宝马 7 系、奥迪 A8、奔驰 S 级等。随着盲区监测系统的不断发展,其成本逐渐降低,在中低端车型也逐渐普及,如奥迪 A4、沃尔沃 S40、东风标致 508/408 都配有盲区监测系统。

不同汽车厂商的盲区监测系统各具特色,命名方式也不尽相同,但其主要差异是所用的环境感知传感器不同、预警显示单元的反应不同。

一、沃尔沃盲点信息系统

沃尔沃公司从 2005 年起就率先在 XC70、V70 和 S60 等车型上安装了盲区监测系统,其称为盲点信息系统(BLIS),此后沃尔沃的全系车型都相继采用这套系统。

沃尔沃的盲点信息系统的环境感知传感器采用的是安装在外后视镜根部的摄像头,对距离 3m 宽、9.5m 长的一个扇形盲区进行 25 帧/s 的图像监控,如图 5-18 和图 5-19 所示。如

果有速度大于 10km/h 且与车辆本身速度差在 20~70km/h 之间的移动物体（车辆或者行人）进入该盲区，系统对比每帧图像，当系统认为目标进一步接近时，A 柱上的警示灯就会亮起，防止出现事故。

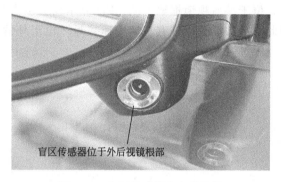

图 5-18　盲区传感器的安装位置

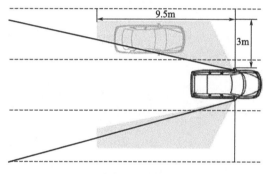

图 5-19　盲点信息系统的工作范围

沃尔沃盲点信息系统也存在缺陷，由于基于可见光成像系统采集图像，当能见度极差，如大雾或者暴风雪天气下，系统便无法工作，不过此时盲点信息系统也会对驾驶员有相应提示。同时，如果确认安全或者是通过集市这样非常拥挤的路段，也可以手动关闭盲点信息系统。

二、奥迪侧向辅助系统

奥迪侧向辅助系统如图 5-20 所示，它采用 24GHz 毫米波雷达，安装在后保险杠的左右两侧，从外观上不易察觉。奥迪的第一代侧向辅助系统所用雷达探测范围在 50m 以内，而

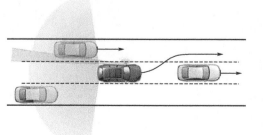

图 5-20　奥迪侧向辅助系统

新一代系统的雷达探测范围已扩展到 70~100m，系统有更充裕的时间告知驾驶员周围的车辆信息。该系统在时速大于 30km/h 的情况下自动启动，既适用于高速公路和主干道，也适用于城市工况，可以监视车后区域，并在并线时提醒驾驶员注意旁边车道可能潜在的危险。如果后方有车快速驶来，位于外后视镜框架上的 LED 显示器会被点亮；如果驾驶员已经打开转向灯开始并线，而此时旁边车道正好有车从快速接近，位于外后视镜框架上的 LED 显示器会以强光闪烁警告驾驶员。

第六章　智能网联汽车车道保持辅助技术

第一节　概述

一、车道保持辅助系统的定义

车道保持辅助（Lane Keeping Assist，LKA）系统是一种能够主动检测汽车行驶时的横向偏移，并对转向和制动系统进行协调控制的系统。该系统是在车道偏离预警系统的基础上发展起来的，能够实现主动对车道偏离现象进行纠正，使汽车保持在预定的轨道上行驶，从而减轻驾驶员的负担，减少交通事故的发生，如图 6-1 所示。

图 6-1　车道保持辅助系统

二、车道保持辅助系统的组成

车道保持辅助系统主要由信息采集单元、电子控制单元和执行单元等组成，如图 6-2 所示。在系统工作期间，驾驶员将会接收车道偏离的报警信息，并选择对转向系统和制动系统中的一项或者多项动作进行控制，也可交由系统完全控制。系统中所有的信息均以数字信号的形式进行传递，通过汽车总线技术实现。

（1）信息采集单元　信息采集单元在车道保持辅助系统中的功能与车道偏离预警系统的

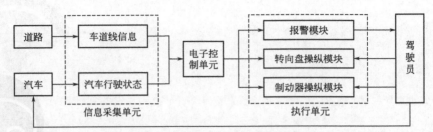

图 6-2 车道保持辅助系统的组成

功能相似,主要通过传感器采集车道信息和汽车自身行驶信息并发送给电子控制单元。

(2)电子控制单元 电子控制单元主要通过特定的算法对信息进行处理,并判断是否做出车道偏离修正的相应操作。该单元性能直接影响车道偏离修正的及时性,因此在选择中央处理器和设计控制算法时,要着重考虑运算能力和运算速度。

(3)执行单元 执行单元主要有报警模块、转向盘操纵模块和制动器操纵模块。其中报警模块与车道偏离预警系统类似,通过转向盘或座椅振动、仪表盘显示、声音警报中的一种或多种形式实现。转向盘操纵模块和制动器操纵模块是车道保持辅助系统中特有的,其主要实现横向运动和纵向运动的协同控制,并保证汽车在 LKA 工作期间具有一定的行驶稳定性。

三、车道保持辅助系统的工作原理

车道保持辅助系统可以在行车的全程或速度达到某一阈值后开启,并可以手动关闭,实时保持汽车的行驶轨迹。当系统正常工作时,信息采集单元通过车载传感器采集车速信号、转向盘转角信号以及汽车速度信息,电子控制单元对信息进行处理,比较车道线和汽车的行驶方向,判断汽车是否偏离行驶车道。当汽车行驶可能偏离车道时,发出报警信息;当汽车距离偏离侧车道线小于一定阈值或已经有车轮偏离出车道线时,电子控制单元计算出辅助操舵力和减速度,根据偏离的程度控制转向盘和制动器的操纵模块,施加操舵力和制动力使汽车稳定地回到正常轨道;若驾驶员打开转向灯,正常进行变线行驶,则系统不会做出任何提示。

车道保持辅助系统的工作过程如图 6-3 所示,在系统起作用时,将不同时刻的汽车行驶照片重叠后可以看出,图中后面起第二个车影已经偏离行驶轨道,于是系统发出报警信息,第三个车影和第四个车影是系统主动进行车道偏离纠正的过程,在第五个车影时,汽车已经

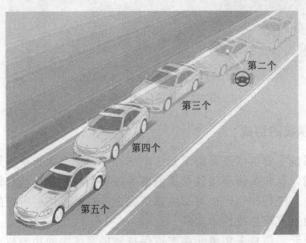

图 6-3 车道保持辅助系统的工作过程

重新处于正确的行驶线路上，车道保持辅助系统完成一个完整的工作周期。

第二节　汽车横向动力学模型

车道保持辅助系统主要实现对汽车横向运动的控制，因此必须建立轮胎模型和汽车横向动力学模型。

一、轮胎模型

汽车行驶时，轮胎受到沿 3 个垂直轴方向的力及绕 3 个垂直轴的力矩，即轮胎六分力，包括纵向力、侧向力、法向力、翻转力矩、滚动阻力矩和回正力矩，其中侧向力对汽车横向运动影响最大。

采用 Pacejka89 轮胎模型，其侧向力为

$$F_{y_0} = D_y \sin\{C_y \arctan[B_y \alpha_y (1-E_y) + E_y \arctan(B_y \alpha_y)]\} + S_{vy} \tag{6-1}$$

式中，F_{y_0} 为轮胎侧向力；α_y 为侧向力组合变量；B_y 为侧向力曲线刚度因子；C_y 为侧向力曲线形状因子，表示侧向力曲线的形状；D_y 为侧向力峰值因子，表示最大侧向力值；E_y 为侧向力曲率因子，表示曲线峰值附近的形状；B_y、C_y、D_y 为侧向力零点处的侧向刚度；S_{vy} 为侧向力曲线垂直偏移因子。

式 (6-1) 中各项系数为

$$\begin{cases} \alpha_y = \alpha + S_{hy} \\ C_y = A_0 \\ D_y = \mu(A_1 F_z^2 + A_2 F_z) \\ B_y = \dfrac{A_3 \sin\left(2\arctan \dfrac{F_z}{A_4}\right)(1 - A_5|\gamma|)}{C_y D_y} \\ E_y = A_6 F_z + A_7 \\ S_{hy} = A_8 \gamma + A_9 F_z + A_{10} \\ S_{vy} = A_{11} F_z \gamma + A_{12} F_z + A_{13} \end{cases} \tag{6-2}$$

式中，α 为轮胎侧偏角；F_z 为轮胎垂直载荷；μ 为地面附着系数；γ 为轮胎外倾角；S_{hy} 为侧向力曲线水平偏移因子；$A_0 \sim A_{13}$ 为纯侧偏工况下 Pacejka89 轮胎侧向力特性参数。

二、2 自由度汽车横向动力学模型

为准确地反映汽车在车道中心线跟踪过程中的运动状态，需要建立适用于车道保持辅助系统的汽车动力学模型，这里采用线性 2 自由度汽车横向动力学模型，如图 6-4 所示。图中 F_{yf}、F_{yr} 分别为前、后轮侧向力；l_f、l_r 分别为汽车重心至前、后轴的距离；α_f、α_r 分别为前、后轮胎侧偏角；δ 为前轮转角；ω 为汽车横摆角速度；v_y 为汽车横向速度；v_x 为汽车纵向速度；β 为汽车重心侧偏角。

汽车侧向运动和横摆运动的动力学微分方程为

$$\begin{cases} m(\dot{v}_y + v_x \omega) = F_{yf} + F_{yr} \\ I_z \dot{\omega} = l_f F_{yf} - l_r F_{yr} \end{cases} \tag{6-3}$$

式中，m 为整车质量；I_z 为汽车绕 Z 轴的转动惯量。

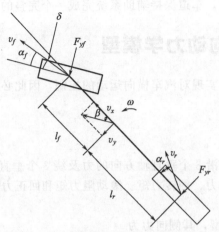

图 6-4 线性 2 自由度汽车横向动力学模型

前、后轮侧向力可以简化为

$$\begin{cases} F_{yf}=c_f\alpha_f=c_f\left(\beta+\dfrac{l_f\omega}{v_x}-\delta_f\right) \\ F_{yr}=c_r\alpha_r=c_r\left(\beta-\dfrac{l_r\omega}{v_x}\right) \end{cases} \quad (6\text{-}4)$$

式中，c_f、c_r 分别前、后轮综合侧偏刚度。

2 自由度汽车横向动力学模型为

$$\begin{cases} m(\dot{v}_y+v_x\omega)=c_f\left(\beta+\dfrac{l_f\omega}{v_x}-\delta_f\right)+c_r\left(\beta-\dfrac{l_r\omega}{v_x}\right) \\ I_z\dot{\omega}=l_fc_f\left(\beta+\dfrac{l_f\omega}{v_x}-\delta_f\right)-l_rc_r\left(\beta-\dfrac{l_r\omega}{v_x}\right) \end{cases} \quad (6\text{-}5)$$

第三节 车道保持控制算法

目前常用的车道保持控制技术根据驱动和转向方式的不同可以分为主动转向技术、差动制动技术和主动转矩分配技术。

(1) 主动转向技术 通过主动操纵转向系统机构使前轮产生额外的转角，从而达到控制车辆运动轨迹的目的。常用的有电子液压转向系统、电动助力转向系统（EPS）以及线控转向系统等。

(2) 差动制动技术 通过车辆制动系统对左右车轮分别进行制动力分配实现差动制动，利用产生的附加横摆力矩控制车辆回归正确的行驶路径。

(3) 主动转矩分配技术 在全轮驱动的车辆上根据差动力矩分配方法使分配到各个车轮上的驱动力矩不同，通过控制车辆的横摆运动完成对车辆的运动轨迹的控制。

在三种不同车道保持控制技术中，主动转向技术是通过转向轮直接实现汽车航向角的变化，需要计算转向系统产生的辅助转矩；差动制动技术和主动转矩分配技术的控制目标也是实现汽车航向角的变换，需要以此为基础计算不同车轮的制动或驱动力矩。三种转向的控制目标相同，原理类似，但控制对象不同，因此差动制动转向和主动转矩分配转向的控制算法可以在主动转向控制算法的基础上加以修改即可。下面主要以主动转向技术中的电动助力转向为基础，介绍基于 T-S 模糊模型的 H_∞ 控制算法、前馈补偿模糊控制算法和多约束模型预测控制算法。

一、基于 T-S 模糊模型的 H_∞ 控制算法

基于 T-S 模糊模型的 H_∞ 控制算法主要是根据车辆相对于车道线位置参数得到常规的辅助转矩。在建立实际的模糊模型时，不能忽略系统不确定性的干扰，所设计的控制系统不仅是二次稳定的，而且必须要有一定的抑制干扰能力，这就是鲁棒 H_∞ 控制问题。

基于 T-S 模糊模型的 H_∞ 控制主要包括以下工作环节。

① 提出问题。定义模糊控制系统的模糊变量及模糊规则数目，根据模糊变量划分非线性系统的子系统，并在此基础上建立基于模糊变量的模糊系统模型。

② 分析系统稳定性。通过 Lyapunov 函数对非线性系统 H_∞ 控制问题进行稳定性判断。

③ 设计状态反馈控制器。根据并行分布方法，对系统的各个子系统分别设计局部控制器，然后在局部控制器的控制下分析全局稳定性，从而由局部状态反馈控制器加权组成全局系统的状态反馈 H_∞ 控制器。

1. 基于 T-S 的人-车-路系统模糊模型

人-车-路闭环系统考虑到车辆在行驶过程中纵向车速非线性变化，因此可以将人-车-路系统定义为非线性系统，可用 T-S 模型描述为

$$R^i : \text{if } z_1(t) \text{ is } M_{i1} \text{ and } \cdots z_p(t) \text{ is } M_{ip}$$
$$\text{then } \dot{x}_d(t) = A_{di} x_d(t) + B_{di} u_d(t) + H_{di} \qquad (6-6)$$
$$y_d(t) = C_{di} x_d(t), i = 1, 2 \cdots r$$

式中，R^i 为模糊系统的第 i 条规则；$z(t) = [z_1(t) \ z_2(t) \ \cdots \ z_p(t)]$ 为人-车-路闭环系统的模糊变量；$M_{i1} \cdots M_{ip}$ 为模糊集合；$u_d(t)$ 为系统的输入；$x_d(t)$ 为系统的状态变量；$y_d(t)$ 为系统的输出；A_{di}、B_{di}、H_{di}、C_{di} 为模糊系统第 i 个子系统对应的状态矩阵。

给定状态参数和输入的人-车-路闭环系统的 T-S 模糊模型为

$$\dot{x}_d(t) = \frac{\sum_{i=1}^{r} \omega_{di}[z(t)][A_{di} x_d(t) + B_{di} u_d(t) + H_{di}]}{\sum_{i=1}^{r} \omega_{di}[z(t)]}$$

$$y_d(t) = \frac{\sum_{i=1}^{r} \omega_{di}[z(t)] C_{di} x_d(t)}{\sum_{i=1}^{r} \omega_{di}[z(t)]} \qquad (6-7)$$

式中，$\omega_{di}[z(t)] = \prod_{j=1}^{p} M_{ij}[z(t)] = \prod_{j=1}^{p} M_{ij}[v_x(t)]$ 代表第 i 条规则的相对有效程度，其值为与其相关联的隶属函数的乘积。

若记

$$h_i[z(t)] = \frac{\omega_{di}[z(t)]}{\sum_{i=1}^{r} \omega_{di}[z(t)]} \qquad (6-8)$$

则建立的人-车-路闭环系统的 T-S 模糊模型为

$$\dot{x}_d(t) = \sum_{i=1}^{r} h_i[z(t)][A_{di}x_d(t) + B_{di}u_d(t) + H_{di}] \tag{6-9}$$

$$y_d(t) = \sum_{i=1}^{r} h_i[z(t)]C_{di}x_d(t)$$

2. 基于 T-S 模糊模型的 H_∞ 控制器设计

基于 T-S 模糊模型的 H_∞ 控制器的输出为车道保持控制所期望的辅助转矩。根据人-车-路闭环系统的 T-S 模糊模型，采用并行分配补偿方法，对子系统设计一个局部的 H_∞ 状态反馈控制器，即

$$u_{di}(t) = -K_i x_d(t) \quad i=1,2\cdots 5 \tag{6-10}$$

式中，K_i 为第 i 个局部子系统的 H_∞ 状态反馈控制器。

考虑到非线性系统存在外部干扰 ρ 时，H_∞ 控制方法应使干扰对系统的影响最小，因此对于给定的标量 $\gamma>0$，应使性能指标 $G(s)$ 满足以下条件。

$$\|G(s)\|_m = \frac{\|y\|_2}{\|\rho\|_2} < \gamma \tag{6-11}$$

性能指标的范数越小，则表示扰动对系统的干扰最小。传统的 H_∞ 状态反馈控制器设计的必要条件是存在正定矩阵 X 和矩阵 M 满足以下条件。

$$\begin{bmatrix} A_v X + B_v M + (A_v X + B_v M)^T & H_v & C_v X^T \\ H_v^T & -I & 0 \\ C_v X & 0 & -\gamma^2 I \end{bmatrix} \leqslant 0 \tag{6-12}$$

式中，A_v、B_v、C_v、H_v 为参考车路系统状态矩阵。

利用 LMIS 矩阵不等式可求得车路系统的反馈控制器为

$$K_v = MX^{-1} \tag{6-13}$$

在求系统的各个局部状态反馈控制器时，同样利用 LMIS 约束获得目标函数的最优解，得到使系统稳定的反馈增益 K_i 和相应的最小扰动抑制度 γ。满足式(6-11)的必要条件是存在正定矩阵 X，使得下式成立。

$$\begin{array}{c} \min: \gamma^2 \\ X, M_1, M_2 \cdots M_r \\ X > 0 \end{array} \tag{6-14}$$

$$\begin{bmatrix} XA_{di}^T + A_{id}X - (B_{di}M_i + M_i^T B_{di}^T) & XC_{di}^T & M_i \\ C_{di}X & -Q & 0 \\ M_i^T & 0 & -\gamma^2 I \end{bmatrix} \leqslant 0$$

式中，$Q = W^T W$，$W > 0$ 表示正定矩阵；M_i 为对应模糊规则 i 的模糊隶属度函数。

利用 Matlab 中矩阵工具箱可得到各个子系统控制器参数为

$$K_i = M_i X^{-1} \tag{6-15}$$

在验证系统稳定性的过程中，需要将得到的正定矩阵 $P = X^{-1}$ 代入构造的 Lyapunov 函数，得

$$V = x^T P x \tag{6-16}$$

根据 Schur 定理可得到系统内部稳定的条件是 $\dot{V} < 0$，且有性能指标满足

$$\|G(s)\|_\infty < \gamma \tag{6-17}$$

每个局部子系统控制器的输出为

$$u_{di}(t) = -K_i x_d(t) = -M_i X^{-1} x_d(t) \tag{6-18}$$

基于 T-S 模糊模型 H_∞ 控制器的输出为

$$u_d(t) = -\sum_{i=1}^{5} h_i[z(t)] K_i x_d(t) \tag{6-19}$$

由于局部控制器反馈增益是在全局性能指标控制条件下确定的，因此在考虑全局系统控制的时候，只要确保各个局部子系统能够在其反馈增益 K 的控制下保持稳定，则全局系统的稳定性就可以得到保证。

二、前馈补偿模糊控制算法

车道保持主动转向的过程中存在各种阻力，因此在单一的反馈控制中无法使前轮转角达到期望值，并且由于控制的滞后影响，当干扰较大时，被控量影响较大，因此需要设计前馈控制，计算额外的补偿转矩。前馈控制主要基于不变性原理，在干扰发生而被控量未变时，对控制量进行调节，从而补偿干扰对被控量的影响，能够及时地对干扰进行抑制。

1. 前馈补偿控制策略

汽车在转向中受到的外部阻力主要与轮胎气压、车速、路面附着系数以及前轮转角大小有关，因此需要根据不同的影响因素计算相应的额外转矩。由于轮胎气压一般在正常范围内，故在算法设计过程中可以不对其进行考虑。根据影响车辆转向时外部阻力的车速、前轮转角和路面附着系数，可设计车道保持前馈补偿控制策略，如图 6-5 所示。

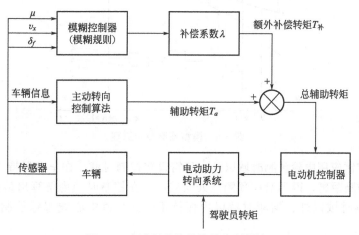

图 6-5 车道保持前馈补偿控制策略

车道保持前馈补偿的控制过程为：传感器获取车辆的车速 v_x、前轮转角 δ_f 以及地面附着系数 μ 等，根据这些因素对转向阻力的影响关系设计模糊规则，得到前馈补偿比例系数 λ，最后将根据主动转向控制算法计算得到的辅助转矩 T_a 和额外的补偿转矩 $T_补$ 组成的总辅助转矩信号发送给 EPS 电动机控制器控制主动转向，从而降低外部阻力的影响以保证车辆始终在车道中心线附近行驶。

2. 前馈补偿模糊控制器设计

在车道保持主动控制中，前馈补偿模糊控制器的模糊规则为：路面附着系数较高、前轮转角较大时，应适当地增大额外补偿转矩；车速较快时，应减小额外补偿转矩。因此，模糊控制器的输入为路面附着系数 μ、前轮转角 δ_f 以及车速 v_x，输出为额外补偿转矩比例系数 λ。完成模糊子集设计后可以采用三角形隶属度函数，并建立模糊规则库进行计算。

三、多约束模型预测控制算法

模型预测控制是一种先进的工业控制方法,具有对模型要求低、能处理多变量和有约束的控制等优点。模型预测控制更贴合实际应用情景,可改善控制系统在不确定性影响下的控制系统保持良好状态的能力。常见的模型预测控制算法包括动态矩阵控制(DMC)、广义预测控制(GPC)、内模控制(IMC)等。模型预测控制算法主要包含预测模型、滚动优化、反馈校正,其原理如图 6-6 所示。图 6-6 中,采样周期为 1,预测时域为 N,曲线 1 表示参考轨迹,曲线 2 为 k 时刻预测优化输出,曲线 3 为 $k+1$ 时刻预测优化输出,曲线 4 为 $k+1$ 时刻预测时域控制序列,曲线 5 为 k 时刻预测时域控制序列。模型预测控制中,k 时刻根据参考轨迹偏差优化控制指标,得到未来 N 时域的控制序列,并据此在第一个采样周期内施加控制,完成后进入 $k+1$ 时刻,再根据 $k+1$ 时刻参考轨迹偏差对下一个时域 N 内控制指标进行优化,获取 $k+1$ 时刻至 $k+N+1$ 时刻的控制序列,这种过程随时间推移反复进行。

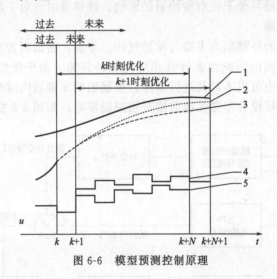

图 6-6 模型预测控制原理

实际预测控制应用中除预测时域以外,还需设定控制时域。在车道保持主动控制算法中,预测时域对应预瞄距离,得到对应预瞄点处误差,并在控制时域内解算出最优控制序列。系统控制量在控制时域以外、预测时域以内保持不变。车道中心线跟踪控制器结构如图 6-7 所示。

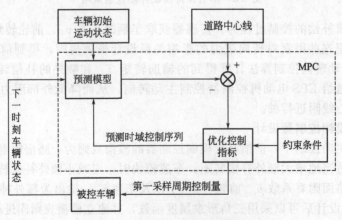

图 6-7 车道中心线跟踪控制器结构

1. 建立预测模型

车道保持辅助系统主要研究的是汽车横向控制,首先需要建立全局坐标系 XOY 和汽车坐标系 xoy 的变换关系,如图 6-8 所示,设参考曲率为 ρ,汽车航向角为 θ,参考轨迹的航向角为 θ_p。

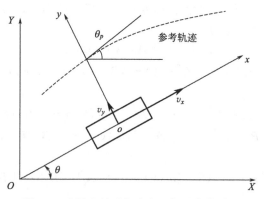

图 6-8 全局坐标系与汽车坐标系变换关系

实际汽车在车道上平稳行驶时,航向角 θ 较小,可采取小角度理论,故得到全局坐标系下汽车速度为

$$\begin{cases} \dot{Y} = \dot{x}\sin\theta + \dot{y}\cos\theta \approx \dot{x}\theta + \dot{y} \\ \dot{X} = \dot{x}\cos\theta - \dot{y}\sin\theta \approx \dot{x} - \dot{y}\theta \end{cases} \tag{6-20}$$

纵向速度在车道主动保持控制中可以假设不变,故选取状态变量为 $x_n = \begin{bmatrix} \dot{y} & \theta & \omega & Y \end{bmatrix}^T$,控制量 u_n 为前轮转角 δ_f,输出量为 $y_n = \begin{bmatrix} \theta & Y \end{bmatrix}^T$,建立状态方程矩阵为

$$\begin{bmatrix} \ddot{y} \\ \dot{\theta} \\ \dot{\omega} \\ \dot{Y} \end{bmatrix} = \begin{bmatrix} \dfrac{c_f+c_r}{m\dot{x}} & \dfrac{l_fc_f-l_rc_r}{m\dot{x}}-\dot{x} & 0 & 0 \\ 0 & 0 & 1 & 0 \\ \dfrac{l_fc_f-l_rc_r}{I_z\dot{x}} & \dfrac{l_r^2c_r+l_f^2c_f}{I_z\dot{x}} & 0 & 0 \\ 1 & \dot{x} & 0 & 0 \end{bmatrix} \begin{bmatrix} \dot{y} \\ \theta \\ \omega \\ Y \end{bmatrix} + \begin{bmatrix} -\dfrac{c_f}{m} \\ 0 \\ \dfrac{l_fc_f}{I_z} \\ 0 \end{bmatrix} \delta_f \tag{6-21}$$

若令

$$A_n = \begin{bmatrix} \dfrac{c_f+c_r}{m\dot{x}} & \dfrac{l_fc_f-l_rc_r}{m\dot{x}}-\dot{x} & 0 & 0 \\ 0 & 0 & 1 & 0 \\ \dfrac{l_fc_f-l_rc_r}{I_z\dot{x}} & \dfrac{l_r^2c_r+l_f^2c_f}{I_z\dot{x}} & 0 & 0 \\ 1 & \dot{x} & 0 & 0 \end{bmatrix}, B_n = \begin{bmatrix} -\dfrac{c_f}{m} \\ 0 \\ \dfrac{l_fc_f}{I_z} \\ 0 \end{bmatrix}, C_n = \begin{bmatrix} 0 & 1 & 0 & 0 \\ 0 & 0 & 0 & 1 \end{bmatrix}$$

则状态方程可以表示为

$$\begin{cases} \dot{x}_n = A_n x_n + B_n u_n \\ y_n = C_n x_n \end{cases} \tag{6-22}$$

完成状态方程建立后,需要将其离散化,令 $A = \mathrm{e}^{A_n T}$,$B = \int_0^T \mathrm{e}^{A_n T} \mathrm{d}t B_n$,$C = C_n$,得到

离散状态方程为

$$\begin{cases} x_n(k+1) = Ax_n(k) + Bu_n(k) \\ y_n(k) = Cx_n(k) \end{cases} \tag{6-23}$$

其中采样周期为 T，设系统控制时域为 P 个采样周期，预测时域为 N 个采样周期，满足 $N \geqslant P$ 从时刻 k 起，系统输入发生 P 步变化，之后保持不变，根据离散状态方程可预测未来 N 个采样时刻的系统状态为

$$\begin{aligned} x(k+1) &= Ax(k) + Bu(k) \\ x(k+2) &= A^2 x(k) + ABu(k) + Bu(k+1) \\ &\vdots \\ x(k+P-1) &= A^{P-1} x(k) + A^{P-2} Bu(k) + \cdots + Bu(k+P-2) \\ x(k+P) &= A^P x(k) + A^{P-1} Bu(k) + \cdots + Bu(k+P-1) \\ &\vdots \\ x(k+N) &= A^P x(k) + A^{P-1} Bu(k) + \cdots + (A^{N-P} B + \cdots + B) u(k+N-1) \end{aligned} \tag{6-24}$$

系统输出为

$$\begin{aligned} y(k+1) &= CAx(k) + CBu(k) \\ y(k+2) &= CA^2 x(k) + CABu(k) + CBu(k+1) \\ &\vdots \\ y(k+P-1) &= CA^{P-1} x(k) + CA^{P-2} Bu(k) + \cdots + CBu(k+P-2) \\ y(k+P) &= CA^P x(k) + CA^{P-1} Bu(k) + \cdots + CBu(k+P-1) \\ &\vdots \\ y(k+N) &= CA^N x(k) + CA^{P-1} Bu(k) + \cdots + C(A^{N-P} B + \cdots + B) u(k+N-1) \end{aligned} \tag{6-25}$$

用向量形式表示系统输出为

$$Y(k) = Dx(k) + EU(k) \tag{6-26}$$

式中，$Y(k) = \begin{bmatrix} y(k+1) \\ \vdots \\ y(k+P) \\ \vdots \\ y(k+N) \end{bmatrix}$；$D = \begin{bmatrix} CA \\ \vdots \\ CA^P \\ \vdots \\ CA^N \end{bmatrix}$；$U(k) = \begin{bmatrix} u(k) \\ \vdots \\ u(k+P-1) \\ \vdots \\ u(k+N-1) \end{bmatrix}$；$E = \begin{bmatrix} CB & 0 & 0 \\ \vdots & \ddots & 0 \\ CA^{P-1}B & \cdots & CB \\ \vdots & & \vdots \\ CA^{P-1}B & \cdots & \sum_{i=1}^{N-P+1} CA^{i-1}B \end{bmatrix}$。

2. 带约束滚动优化

带约束滚动优化可以根据不同的目标设定优化函数。为了优化系统跟踪的能力，可以根据状态量设定优化目标函数为

$$J_x(k) = \min x_d(k) = \min |x_n(k) - x_e(k)| \tag{6-27}$$

为了优化系统控制量平稳变化性，可以根据控制量增量设定优化目标函数为

$$J_{\Delta u}(k) = \min |\Delta u_n(k)| \tag{6-28}$$

考虑汽车条件对控制量的限制，可以根据控制量设定优化目标函数为

$$J_u(k) = \min|u_n(k)| \tag{6-29}$$

设定控制 k 时刻的优化问题可表述为：确定 k 时刻起 P 个控制量 $u(k)$、$u(k+1)$…$u(k+P-1)$，使被控对象在未来 N 个时刻状态镇定，x 趋近 0，同时考虑约束条件，抑制控制量的剧烈变化，根据式(6-27)~式(6-29)，可得到优化性能目标函数为

$$J(k) = \sum_{i=1}^{P}\|x_n(k+i\mid k) - x_e(k+i\mid k)\|_Q^2 + \sum_{i=1}^{N}\|\Delta u_n(k+i\mid k)\|_R^2 + \sum_{i=1}^{N}\|u_n(k+i\mid k)\|_P^2 \tag{6-30}$$

结合式(6-26)向量形式的输出方程，优化性能目标可表示为

$$\min_{U(k)} J(k) = \|\Delta X(k)\|_Q^2 + \|\Delta U(k)\|_R^2 + \|U(k)\|_P^2 \tag{6-31}$$

式中，Q 为误差权矩阵；R 为控制增量权矩阵；P 为控制量权矩阵。

权矩阵 $Q(k) = \mathrm{diag}[q_{e_d}(k), q_{v_r}(k), q_{a_h}(k)]$、$R(k) = r_{u'}(k)$、$P(k) = r_u(k)$ 可通过 Matlab 中的 quadprog 函数求得，调节权矩阵中不同的加权系数，反映系统工作时各变量的重要程度，Q 表示输出误差加权，R 表示控制增量加权，P 表示控制量加权。

完成优化性能目标函数确定后需要对其施加约束，控制量约束、控制增量约束和输出量约束分别为

$$u_{\min}(k+i) \leqslant u(k+i) \leqslant u_{\max}(k+i) \quad i=0,1\cdots N-1 \tag{6-32}$$

$$\Delta u_{\min}(k+i) \leqslant \Delta u(k+i) \leqslant \Delta u_{\max}(k+i) \quad i=0,1\cdots N-1 \tag{6-33}$$

$$y_{\min}(k+i) \leqslant y(k+i) \leqslant y_{\max}(k+i) \quad i=0,1\cdots N-1 \tag{6-34}$$

性能目标函数中求解控制时域内控制增量，为简化计算，可将控制量约束条件转化为控制增量及转换矩阵相乘的形式，即

$$u(k+i) = u(k+i-1) + \Delta u(k+i) \tag{6-35}$$

$$U_k = I_P \otimes u(i-1) \tag{6-36}$$

$$H = \begin{bmatrix} 1 & 0 & 0 & \cdots & 0 \\ 1 & 1 & 0 & \cdots & 0 \\ 1 & 1 & 1 & \ddots & 0 \\ \vdots & \vdots & \ddots & \ddots & \vdots \\ 1 & 1 & \cdots & 1 & 1 \end{bmatrix}_P \otimes I_P \tag{6-37}$$

根据式(6-35)~式(6-37)，转换式(6-32)得到控制时域内控制量约束形式为

$$U_{\min} \leqslant H\Delta U_k + U_k \leqslant U_{\max} \tag{6-38}$$

但是由于控制具有多个约束条件，在动态变化过程中某些时刻优化方程可能无解，为避免可能出现的无解问题，可在优化目标函数中添加松弛因子，可放宽部分约束条件，以使优化方程始终有解。添加松弛因子的优化性能目标函数为

$$\min_{U(k)} J'(k) = \min_{U(k)} J(k) + \rho\varepsilon^2 \tag{6-39}$$

式中，ρ 为待定权重系数；ε 为松弛因子。

综合优化性能目标函数和约束条件，设计的控制器在每个采样周期内的控制优化过程可转化为在约束条件下求性能目标函数最小值的二次规划问题，即

$$\min_{U(k)} J(k) = \sum_{1}^{P}[\Delta X^{\mathrm{T}}(k)Q(k)\Delta X(k)] + \sum_{0}^{N}[\Delta U^{\mathrm{T}}(k)R(k)\Delta U(k)] + \sum_{0}^{N}[U^{\mathrm{T}}(k)P(k)\Delta U(k)] + \rho\varepsilon^2 \tag{6-40}$$

约束条件为

$$\Delta U_{min} \leqslant \Delta U_k \leqslant \Delta U_{max}$$
$$U_{min} \leqslant H\Delta U_k + U_k \leqslant U_{max}$$
$$y_{h_{min}} \leqslant y_h(k) \leqslant y_{h_{max}}$$
$$y_{s_{min}} - \varepsilon \leqslant y_s(k) \leqslant y_{s_{max}} + \varepsilon$$

使用 Matlab 中的 quadprog 函数，根据有效集法或内点法求解此二次规划问题，每一时刻 k，可通过求解式(6-40)得到该时刻起控制时域 P 内的控制增量序列及松弛因子为

$$\Delta U_k = [\Delta u_k, \Delta u_{k+1} \cdots \Delta u_{k+P-1}, \varepsilon]^T \tag{6-41}$$

获取当前时刻未来控制增量序列后，使用 ΔU_k 第一个元素作为实际控制输入增量施加于系统，此时控制量变为

$$u_n(k) = u_n(k-1) + \Delta u_k \tag{6-42}$$

进行到 $k+1$ 时刻，重复式(6-40)~式(6-42)过程，循环滚动优化实现对参考轨迹的跟踪控制。

3. 约束条件设定

为保证汽车具有良好的操纵稳定性，轮胎需工作于线性区域，因此轮胎侧偏角理想约束为 $-3° \leqslant \alpha \leqslant 3°$。

在理想侧偏角约束下，式(6-30)优化方程可能在某些时刻无解，故需要添加松弛因子的优化方程(6-40)来进行优化求解，此时侧偏角约束条件可适当放宽，可选取轮胎侧偏角约束为 $-5° \leqslant \alpha \leqslant 5°$。可根据选取的状态量 $x_n = [\dot{y} \quad \theta \quad \omega \quad Y]^T$ 计算每一时刻轮胎侧偏角为

$$\begin{cases} \alpha_f(t) = \dfrac{\dot{y}(t) + l_f \omega(t)}{v_x} - \delta(t-1) \\ \alpha_r(t) = \dfrac{\dot{y}(t) - l_r \omega(t)}{v_x} \end{cases} \tag{6-43}$$

考虑到汽车自身的限制，需对汽车前轮转角及其增量施加约束，可将约束表示为

$$\begin{cases} \delta_{min} \leqslant \delta_f \leqslant \delta_{max} \\ \Delta\delta_{min} \leqslant \Delta\delta_f \leqslant \Delta\delta_{max} \end{cases} \tag{6-44}$$

这里选取 $-15° \leqslant \delta_f \leqslant 15°$，每个采样周期内转角变化量满足 $-0.4° \leqslant \Delta\delta_f \leqslant 0.4°$。

考虑到汽车驾驶的舒适性与安全性，需对汽车横摆角速度 ω 和汽车重心侧偏角 β 施加约束，假设汽车行驶在附着良好的干燥沥青路面上，约束为

$$\begin{cases} \omega_{min} \leqslant \omega \leqslant \omega_{max} \\ \omega_{min} = \dfrac{-\mu g}{\dot{x}} \\ \omega_{max} = \dfrac{\mu g}{\dot{x}} \\ -12° \leqslant \beta \leqslant 12° \end{cases} \tag{6-45}$$

式中，μ 为地面附着系数。

该约束条件随汽车的速度及地面附着系数动态变化。

第四节 车道保持辅助系统仿真

车道保持辅助系统可以利用 CarSim 和 Matlab 软件进行联合仿真。在仿真过程中，首先确定仿真对象，即选定车型并定义其相应参数，建立数据库。主要过程为：在 CarSim 中新建一个

Datesets，设置空气阻力，若不考虑其影响可以设定为 0；选择轮胎类型，如 Pacejka Tire Model；设置汽车纵向速度不变，选择刹车控制为 No Braking；路面设置为摩擦系数为 1.0 的平坦路面；设置车型及参数，如 D-Class 车型，复制其默认参数文件后进行修改，也可以直接利用默认的参数。其中，道路可以根据仿真工况的不同进行修改，参考轨迹界面如图 6-9 所示，可以通过建立表格对点的位置进行确定后生成连贯的曲线，也可以利用函数图像或利用预设的轨迹线，如设置轨迹为双移线，验证车道保持系统对道路中心线的跟踪能力。

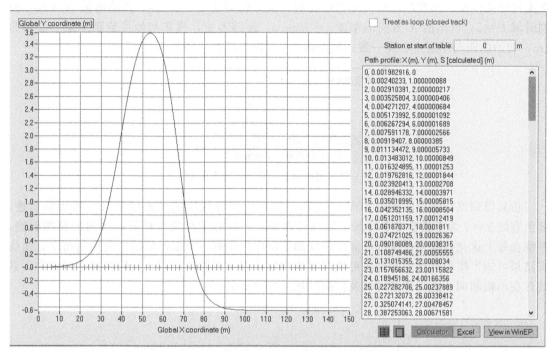

图 6-9 CarSim 中双移线参考轨迹设置界面

完成车辆模型和路面设置后，将搭建好的汽车模型以 S-Function 形式发送至 Simulink 中，并与控制算法连接建立联合仿真模型，如图 6-10 所示。汽车模型将状态量输入到车道保持预测控制

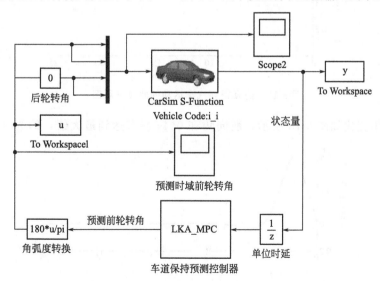

图 6-10 CarSim 与 Simulink 联合仿真模型图

器，控制器求解得到未来预测时域内控制量序列，即前轮转角，再作用于汽车模型。

在车道保持辅助系统仿真中，可以设置不同仿真工况，以测试系统性能。下面进行初始位置偏离修正工况仿真、双移线低速跟踪仿真和可变预测时域模型预测控制算法仿真。

1. 初始位置偏离修正工况仿真

初始位置偏离修正工况是在系统检测出车道偏离后，车道保持控制器主动介入转向控制，使汽车快速回归到车道中心线上的过程。仿真时采用仅考虑汽车前轮转角约束和横摆角速度约束的模型预测控制器对汽车加以控制，设采样周期 $T=0.05\text{s}$，预测时域 $N=20$，控制时域 $P=5$，汽车沿 X 方向的车速 $v=10\text{m/s}$，保持不变，汽车初始位置距车道中心线为 2m，初始航向与车道中心线一致，横摆角为 0，该工况设计如图 6-11 所示。

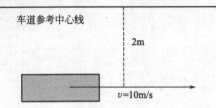

图 6-11　初始位置偏离修正工况示意

仿真得到汽车运动的轨迹如图 6-12 所示，图中由方块组成的曲线是汽车的运动轨迹，蓝色直线 $Y=2$ 为车道参考中心线。绿线代表每个采样时刻对应的预测时域内的预测轨迹，系统在每个优化过程中仅执行解算出的预测控制序列中第一个采样周期内的控制指令，由仿真结果可知，模型预测控制算法可快速完成初始位置偏离修正控制。在偏离修正过程中，系统存在小幅超调，这与预测时域及控制时域的选取有关。

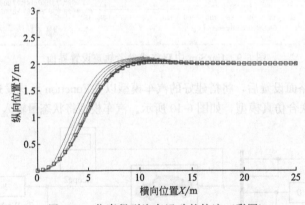

图 6-12　仿真得到汽车运动的轨迹（彩图）

汽车航向角变化如图 6-13 所示，航向角在 0.4s 左右达到最大值，约为 0.38rad，之后逐渐减小。

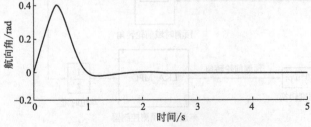

图 6-13　汽车航向角变化

汽车前轮转角变化如图 6-14 所示，最大值为 0.12rad，约 6.8°，在设定的约束范围内（$-15°\leqslant\delta_f\leqslant15°$）。

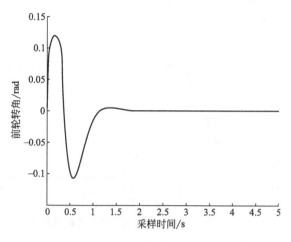

图 6-14　汽车前轮转角变化

汽车侧向速度变化如图 6-15 所示，在 0.4s 左右出现最大侧向速度，约为 4m/s。

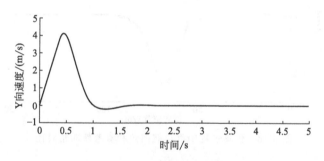

图 6-15　汽车侧向速度变化

如图 6-16 所示为在 CarSim 中生成的初始位置偏离修正过程仿真动画截图，用 5 个时刻的车辆位置及状态来表述偏离修正过程。

图 6-16　在 CarSim 中生成的初始位置偏离修正过程仿真动画截图（彩图）

2. 双移线低速跟踪仿真

取汽车参考纵向速度 $v=5\text{m/s}$，设定采样周期 $T=0.02\text{s}$，预测时域 $N=30$，控制时域 $P=5$，仿真时间为 30s。如图 6-17 所示为仿真得到的汽车轨迹和参考轨迹对比，如图 6-18 所示为仿真过程中汽车航向角和参考航向角对比。

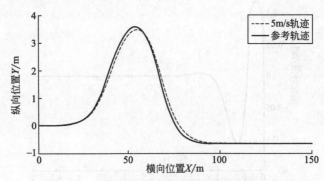

图 6-17　仿真得到的汽车轨迹和参考轨迹对比

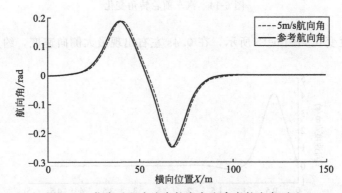

图 6-18　仿真过程中汽车航向角和参考航向角对比

由图 6-17 和图 6-18 可知，低速仿真过程中汽车可较好地跟踪参考轨迹和参考航向角，最大跟踪误差约为 0.15m。仿真后期，航向角趋近于 0，侧向位移趋近 −0.65m，在跟踪过程中，相比参考轨迹，实际轨迹变化稍稍滞后，符合控制的一般规律。

3. 可变预测时域模型预测控制算法仿真

实际汽车车道保持过程中，在保证汽车不发生车道偏离的前提条件下，应尽可能地减少跟踪过程中的超调与振荡，提高控制稳定性。随着速度的变化，使用单一预测时域的模型预测控制器难以满足全速范围内车道保持跟踪的控制要求，在低速时，过大的预测时域会导致计算量增大；高速时，过小的预测时域会导致控制稳定性下降，因此为获得全速范围内良好的控制效果，并兼顾计算量负担，选取的预测时域应随速度变化而变化。

可变预测时域模型预测控制算法仿真结果如图 6-19 所示。

可以看出，采用可变预测时域模型预测控制算法可控制汽车在不同车速下平稳地完成车道跟踪过程，跟踪过程中汽车状态始终满足约束条件。在高速工况下汽车与参考轨迹间循迹误差较大，最大可达 1.3m，在标准高速公路车道宽为 3.75m 的情况下，可认为汽车未处于车道偏离状态。

如图 6-20 所示为在 CarSim 中生成的仿真动画截图，用 7 个不同时刻汽车的运动状态来表示路径跟踪过程。

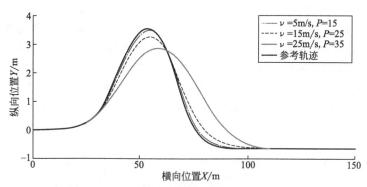

图 6-19　可变预测时域模型预测控制算法仿真结果

图 6-20　在 CarSim 中生成的仿真动画截图（彩图）

第五节　车道保持辅助系统应用实例

车道保持辅助系统目前已经在较多车型中装配，不仅提高行车的安全性，防止开车过程中注意力不集中造成的车道偏离，也使驾驶员养成变道主动开启转向灯的习惯，否则 LKA 系统将会发出报警或产生较大的转向阻力矩。目前日系车中 LKA 系统的配置率较高，如日产、丰田、本田等品牌。

本田汽车已经在新雅阁、思域、CR-V 等车型中使用 LKA 系统，如图 6-21 所示。本田的 LKA 系统主要通过单目摄像机识别车道两侧的行车线，并辅助施加转向盘转向操作，使

图 6-21　本田车道保持辅助系统

车辆始终保持在车道中间行驶，大幅缓解高速行驶时的驾驶疲劳。

大众 CC 也搭载有车道保持辅助系统，如图 6-22 所示。其原理是通过紧贴在前挡风玻璃上的数字式灰度摄像头实时拍摄前方道路上的左右车道线，对其进行监控。拍摄到的图像由电脑转换成信息数据并进行处理，分析汽车是否行驶在车道线的中间，若车辆的偏移量超出允许值，便会向电动助力转向系统 EPS 发出改变转向动作指令，加以干预纠正。汽车便会自动回到两条车道线中间来。如果遇到弯度较大的弯道且车道线清晰，汽车也会自动沿着弯道转弯行驶。

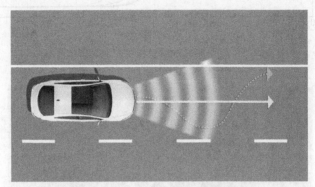

图 6-22　大众 CC 车道保持辅助系统

福特的部分车型中也有车道保持辅助系统，如图 6-23 所示。该系统主要采用 Gentex 公司出品的多功能摄影系统，核心架构为 Mobileye 公司的 EyeQ 视讯处理器。这个处理器可以处理摄像头所收集的信息，实现车道侦测、车辆侦测、行人侦测、大灯控制等功能。

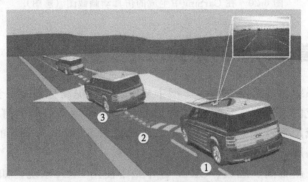

图 6-23　福特汽车车道保持辅助系统

第七章 智能网联汽车自适应巡航控制技术

第一节 概述

一、汽车 ACC 系统的定义

汽车自适应巡航控制（Adaptive Cruise Control，ACC）系统在汽车行驶过程中，通过安装在汽车前部的车距传感器持续扫描汽车前方道路，同时轮速传感器采集车速信号；当前汽车（以下简称主车）与前方车辆之间的距离小于或大于安全车距时，ACC 控制单元通过与制动系统、发动机控制系统协调动作，改变制动力矩和发动机输出功率，对汽车行驶速度进行控制，以使主车与前方车辆始终保持安全车距行驶，避免追尾事故发生，同时提高通行效率，如图 7-1 所示。如果主车前方没有车辆，则主车按设定的车速巡航行驶。

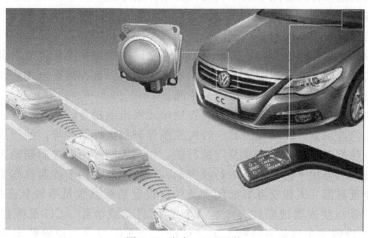

图 7-1　汽车 ACC 系统

对于电动汽车，发动机更换为驱动电动机，通过改变制动力矩和驱动电动机的输出功率，控制电动汽车的行驶速度。

ACC 系统在控制汽车制动时，通常会将制动减速度限制在不影响舒适的程度，当需要更大的减速度时，ACC 系统会发出预警信号通知驾驶员主动采取制动操作。当主车与前方车辆之间的距离增加到安全车距时，ACC 系统控制汽车按照设定的车速行驶。

二、汽车 ACC 系统的组成

1. 燃油汽车 ACC 系统的组成

燃油汽车 ACC 系统主要由信息感知单元、电子控制单元（ECU）、执行单元和人机交互界面等组成，如图 7-2 所示。

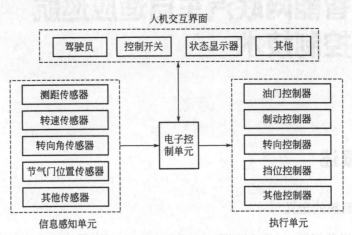

图 7-2　燃油汽车 ACC 系统组成

（1）**信息感知单元**　信息感知单元主要用于向电子控制单元（ECU）提供 ACC 所需要的各种信息，主要由测距传感器、转速传感器、转向角传感器、节气门位置传感器、制动踏板传感器等组成。测距传感器用来获取主车与前方目标车辆之间的距离信号，一般使用激光雷达或毫米波雷达，也有使用视频传感器的；转速传感器用于获取实时车速信号，一般使用霍尔式转速传感器；转向角传感器用于获取汽车转向信号；节气门位置传感器用于获取节气门开度信号；制动踏板传感器用于获取制动踏板动作信号。

（2）**电子控制单元**　电子控制单元根据驾驶员所设定的安全车距及车速，结合信息感知单元传送来的信息确定主车的行驶状态，决策出汽车的控制策略，并输出油门开度和制动压力信号给执行单元。例如当主车与前方的目标车辆之间的距离小于设定的安全车距时，电子控制单元计算实际车距和安全车距之差及相对速度的大小，选择减速方式，或者通过报警器向驾驶员发出报警，提醒驾驶员采取相应的措施。

（3）**执行单元**　执行单元主要执行电子控制单元发出的指令，实现主车速度和加速度的调整。它包括油门控制器、制动控制器、转向控制器和挡位控制器等，油门控制器用于调整节气门的开度，使汽车作加速、减速及定速行驶；制动控制器用于控制制动力矩或紧急情况下的制动；转向控制器用于控制汽车的行驶方向；挡位控制器用于控制汽车变速器的挡位。

（4）**人机交互界面**　人机交互界面用于驾驶员设定系统参数及系统状态信息的显示等。驾驶员可通过设置在仪表盘或转向盘上的人机界面启动或清除 ACC 系统控制指令。启动 ACC 系统时，要设定主车与前方目标车辆之间的安全车距以及在巡航状态下的车速，否则 ACC 系统将自动设置为默认值，但所设定的安全车距不可小于设定车速下交通法规所规定的安全车距。

2. 电动汽车 ACC 系统的组成

电动汽车主要由电动机、电动机控制器、蓄电池、电池管理系统、整车控制器、再生制动控制器、辅助系统等组成，如图7-3所示。相对于燃油汽车，由电动机系统取代发动机系统，增加蓄电池系统、再生制动系统等。

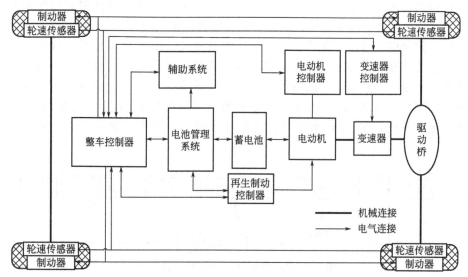

图7-3 电动汽车的组成

电动汽车ACC系统也由信息感知单元、电子控制单元（ECU）、执行单元和人机交互界面等组成，如图7-4所示，电动汽车相对于燃油汽车，其ACC系统的信息感知单元没有节气门位置传感器，执行单元没有油门控制器和挡位控制器，相应增加电动机控制器和再生制动控制器。信息感知单元将传感器测量的距离、速度和加速度等信号输入到电子控制单元；电子控制单元对主车行驶环境及运动状态进行分析、计算、决策，输出转矩和制动压力信号；执行单元用于完成电子控制单元的指令，通过控制电动机和制动执行器来调节主车的行驶速度；人机交互界面为驾驶员对系统的运行进行观察和干预控制提供操作界面。

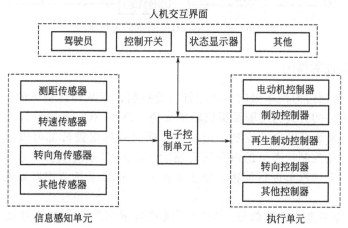

图7-4 电动汽车ACC系统的组成

三、汽车ACC系统的工作原理

1. 燃油汽车ACC系统的工作原理

燃油汽车ACC系统的工作原理如图7-5所示。驾驶员启动ACC系统后，汽车在行驶过程中，安装在汽车前部的车距传感器持续扫描汽车前方道路，同时轮速传感器采集车速信号。如果主车前方没有车辆或与前方目标车辆距离很远且速度很快时，控制模式选择模块就会激活巡航控制模式，ACC 系统将根据驾驶员设定的车速和轮速传感器采集的本车速度自动调节加速踏板等，使得主车达到设定的车速并巡航行驶；如果目标车辆存在且离主车较近或速度很慢，控制模式选择模块就会激活跟随控制模式，ACC 系统将根据驾驶员设定的安全车距和轮速传感器采集的本车速度计算出期望车距，并与车距传感器采集的实际距离比较，自动调节制动压力和油门开度等使得汽车以一个安全车距稳定地跟随前方目标车辆行驶。同时，ACC 系统会把汽车目前的一些状态参数显示在人机界面上，方便驾驶员的判断，也装有紧急报警系统，在 ACC 系统无法避免碰撞时及时警告驾驶员并由驾驶员处理紧急状况。

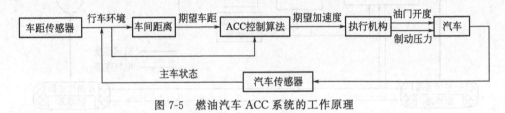

图 7-5 燃油汽车 ACC 系统的工作原理

2. 电动汽车 ACC 系统的工作原理

电动汽车 ACC 系统的工作原理如图 7-6 所示，它与燃油汽车 ACC 系统的工作原理基本一样，唯一区别是燃油汽车控制的是油门开度，调节发动机输出转矩；电动汽车控制的是电动机转矩，调节电动机的输出转矩，而且增加再生制动控制。

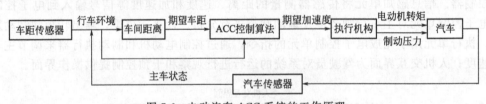

图 7-6 电动汽车 ACC 系统的工作原理

四、汽车 ACC 系统的作用

汽车 ACC 系统通过对汽车纵向运动进行自动控制，以减轻驾驶员的劳动强度，保障行车安全，并通过方便的方式为驾驶员提供辅助支持。汽车 ACC 系统具有以下作用。

① 汽车 ACC 系统可以自动控制车速，但在任何时候驾驶员都可以主动进行加速或制动。当驾驶员对巡航控制状态下的汽车进行制动后，ACC 系统就会终止巡航控制；当驾驶员对巡航控制状态下的汽车进行加速，停止加速后，ACC 系统会按照原来设定的车速进行巡航控制。

② 通过测距传感器的反馈信号，ACC 系统可以根据目标车辆的移动速度判断道路情况，并控制汽车的行驶状态；通过反馈式加速踏板感知的驾驶员施加在踏板上的力，ACC 系统可以决定是否执行巡航控制，以减轻驾驶员的疲劳。

③ 汽车 ACC 系统分为基本型和全速型，基本型 ACC 一般在车速大于 30km/h 时才会起作用，而当车速降低到 30km/h 以下时，就需要驾驶员进行人工控制。全速型 ACC 在车速低于 30km/h 直至汽车静止时一样可以适用，在低速行驶时仍能保持与前车的距离，并能对汽车进行制动直至其处于静止状态。如果前车在几秒钟内再次启动，装备有停走型 ACC

的汽车将自动跟随启动。如果停留时间较长，驾驶员只需通过简单操作，例如轻踩油门踏板就能再次进入 ACC 模式。通过这种方式，即使在高峰或拥堵时段，ACC 系统也能进行辅助驾驶。

④ 汽车 ACC 系统使汽车的编队行驶更加轻松。ACC 系统可以设定自动跟踪的汽车，当主车跟随前方目标车辆行驶时，ACC 系统可以将主车车速调整为与前方目标车辆的车速相同，同时保持稳定的安全车距，而且这个安全车距可以通过转向盘上的设置按钮进行选择。

⑤ 带辅助转向功能的 ACC 系统不仅可以使汽车自动与前方目标车辆保持一定车距，而且汽车还能够自动转向，使得驾驶过程更加安全舒适。

五、汽车 ACC 系统的工作模式

汽车 ACC 系统工作模式主要有定速巡航、减速控制、跟随控制、加速控制、停车控制和启动控制等，如图 7-7 所示。图中假设主车设定车速为 100km/h，目标车辆行驶速度为 80km/h。

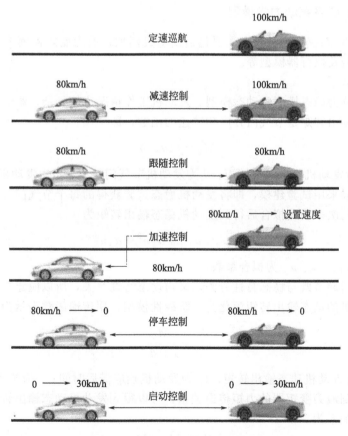

图 7-7 汽车 ACC 系统工作模式

(1) 定速巡航 定速巡航是汽车 ACC 系统最基本的功能。当主车前方无目标车辆行驶时，主车将处于普通的巡航行驶状态，ACC 系统按照设定的行驶车速对汽车进行定速巡航控制。

(2) 减速控制 当主车前方有目标车辆，且目标车辆的行驶速度慢于主车的行驶速度时，ACC 系统将控制主车进行减速，确保主车与前方目标车辆之间的距离为所设定的安全车距。

(3) 跟随控制 当 ACC 系统将主车速度减至设定的车速值之后采用跟随控制，与前方目标车辆以相同的速度行驶。

(4) 加速控制 当前方的目标车辆加速行驶或发生移线，或当主车移线行驶使得前方又无行驶车辆时，ACC 系统将对主车进行加速控制，使主车恢复到设定的车速。在恢复设定的车速后，ACC 系统又转入对主车的巡航控制。

(5) 停车控制 若目标车辆减速停车，主车也减速停车。

(6) 启动控制 若主车处于停车等待状态，当目标车辆突然启动时，主车也将启动，与目标车辆行驶状态保持一致。

当驾驶员参与汽车驾驶后，ACC 系统自动退出对汽车的控制。

第二节 自适应巡航控制系统动力学模型

一、燃油汽车 ACC 系统动力学模型

燃油汽车 ACC 系统动力学模型主要包括发动机模型、液力变矩器模型、自动变速器模型、汽车行驶模型及执行器模型等。

1. 发动机模型

发动机模型分为稳态模型和动态模型。发动机工作情况比较复杂，影响因素较多，一般认为发动机稳态输出转矩是节气门开度和转速的函数，即

$$M_s = f(\theta, n) \tag{7-1}$$

式中，M_s 为发动机稳态输出转矩；θ 为发动机节气门开度；n 为发动机转速。

稳态模型一般采用试验建模，即将发动机稳态试验获得的每个节气门开度下的输出转矩与转速数据，用三次多项式拟合后得到发动机稳态输出转矩为

$$M_s = a_0 + a_1 n + a_2 n^2 + a_3 n^3 \tag{7-2}$$

式中，a_0、a_1、a_2、a_3 为拟合系数。

发动机节气门调节既与稳态特性有关，又与动态特性有关，所以应建立发动机的动态模型。一般将发动机的动态输出转矩简化为一阶线性模型，用传递函数表示为

$$M_e = \frac{M_s}{1+st_e} \tag{7-3}$$

式中，M_e 为发动机动态输出转矩；t_e 为发动机响应滞后时间；s 为拉氏算子。

根据发动机到液力变矩器的力矩传递关系，可以得到发动机动态输出转矩与液力变矩器泵轮转矩之间的关系为

$$I_e \dot{\omega}_e = M_e - M_p \tag{7-4}$$

式中，I_e 为发动机转动部件和液力变矩器泵轮的有效转动惯量；ω_e 为发动机曲轴旋转角速度；M_p 为液力变矩器泵轮转矩。

2. 液力变矩器模型

液力变矩器一般安装在发动机和自动变速器之间，主要由泵轮、涡轮和导轮组成，以液压油为工作介质，起传递转矩、变矩、变速及离合的作用。

液力变矩器泵轮转矩为

$$M_p = K_{tc}\left(\frac{\omega_t}{\omega_p}\right)\omega_p^2 \qquad (7\text{-}5)$$

式中，K_{tc} 为液力变矩器容量系数；ω_t 为液力变矩器涡轮角速度；ω_p 为液力变矩器泵轮角速度。

液力变矩器涡轮转矩为

$$M_t = M_p \tau\left(\frac{\omega_t}{\omega_p}\right) \qquad (7\text{-}6)$$

式中，M_t 为液力变矩器涡轮转矩；τ 为液力变矩器转矩比系数。

3. 自动变速器模型

自动变速器的主要作用是减速和增矩。变速器输入轴和液力变矩器的涡轮相连接，其转速和转矩分别为涡轮转速和涡轮转矩。变速器输出轴角速度和转矩分别为

$$\omega_0 = \frac{\omega_t}{i_g}$$
$$M_0 = M_t i_g \qquad (7\text{-}7)$$

式中，ω_0 为自动变速器输出轴角速度；M_0 为自动变速器输出轴转矩；i_g 为自动变速器挡位传动比。

4. 汽车行驶模型

汽车在平坦路面巡航行驶时，其行驶方程式为

$$F_t = F_f + F_w + F_j + F_b \qquad (7\text{-}8)$$

式中，F_t 为汽车驱动力；F_f 为汽车滚动阻力；F_w 为汽车空气阻力；F_j 为汽车加速阻力；F_b 为汽车制动力。

汽车驱动力与自动变速器输出轴转矩之间的关系为

$$F_t = \frac{M_0 i_0 \eta_t}{R} \qquad (7\text{-}9)$$

式中，i_0 为主减速器传动比；η_t 为传动系效率；R 为车轮半径。

汽车滚动阻力为

$$F_f = mgf \qquad (7\text{-}10)$$

式中，m 为汽车质量；f 为滚动阻力系数。

汽车空气阻力为

$$F_w = \frac{C_D A u^2}{21.15} \qquad (7\text{-}11)$$

式中，C_D 为空气阻力系数；A 为汽车迎风面积；u 为汽车行驶速度。

汽车加速阻力为

$$F_j = \delta m \dot{u} \qquad (7\text{-}12)$$

式中，δ 为汽车旋转质量换算系数。

汽车制动力为

$$F_b = K_b p_b \qquad (7\text{-}13)$$

式中，K_b 为制动压力比例系数；p_b 为制动压力。

将式(7-9)～式(7-13)代入式(7-8)得燃油汽车行驶减速度为

$$\dot{u} = \frac{1}{\delta m}\left(\frac{M_0 i_0 \eta_t}{R} - K_b p_b - mgf - \frac{C_D A u^2}{21.15}\right) \qquad (7\text{-}14)$$

5. 执行器模型

执行器模型包括节气门执行器模型和制动执行器模型，输入量分别是期望的节气门开度和期望的制动压力，输出量是实际的节气门开度和制动压力。

节气门执行器与发动机节气门相连，为了实现对节气门快速、准确地跟踪控制，节气门执行器采用脉宽调制 PWM 信号控制的直流电动机驱动机构。节气门控制器、直流电动机和节气门位置传感器组成闭环控制保证节气门的实际位置与期望位置一致。

节气门执行器采用二阶振荡系统模型，即

$$\alpha_{es}=t_{\alpha_1}\ddot{\alpha}+t_{\alpha_2}\dot{\alpha}+\alpha \tag{7-15}$$

式中，α_{es} 为期望的节气门开度；α 为实际节气门开度；t_{α_1}、t_{α_2} 分别为一阶和二阶振荡系统常数。

制动执行器由于受液压管路挤压膨胀和制动液体积变化的影响，制动系统存在一定的响应迟滞，可以采用一阶惯性系统模型，即

$$p_{es}=t_b\dot{p}_b+p_b \tag{7-16}$$

式中，p_{es} 为期望的制动压力；p_b 为实际制动压力；t_b 为一阶惯性系统常数。

二、电动汽车 ACC 系统动力学模型

电动汽车 ACC 系统动力学模型主要包括汽车行驶模型和驱动电动机模型。

1. 汽车行驶模型

电动汽车行驶方程式与燃油汽车行驶方程式形式一样，只是驱动力表达式不一样。电动汽车驱动力为

$$F_t=\frac{T_t i_t}{R}\eta_t \tag{7-17}$$

式中，T_t 为电动机输出转矩；i_t 为传动系统总传动比；η_t 为传动系统机械效率；R 为车轮半径。

如果不考虑再生制动的影响，则电动汽车行驶减速度为

$$\dot{u}=\frac{1}{\delta m}\left(\frac{T_t i_t \eta_t}{R}-K_b p_b-mgf-\frac{C_D A u^2}{21.15}\right) \tag{7-18}$$

2. 驱动电动机模型

电动机是电动汽车的核心部件，乘用车一般使用感应电动机和永磁电动机，感应电动机具有坚固性好、成本较低等优点而被广泛使用。以三相交流感应电动机为例，建立电动汽车驱动电动机模型。

三相交流感应电动机物理等效模型如图 7-8 所示，定子、转子均为相差 120° 的三相对称绕组，转子定轴线分别为 A、B 和 C，定子动轴线分别为 a、b 和 c。向定子线圈通三相交流电，定子 A 相和转子 a 相的电阻分别为 R_s 和 R_r，转子逆时针旋转，角速度为 ω_{re}。当转子转过角度为 θ_{re} 时，定子 A 相自感及其与转子 a 相互感分别为 L_s 和 M，转子 a 相自感及其与定子 A 相互感分别为 l_r 和 $M\cos\theta_{re}$。

用三相静止坐标系表示绕组磁链方程式为

$$[\psi]=\begin{bmatrix}\psi_s\\\psi_r\end{bmatrix}=\begin{bmatrix}L_{ss}&L_{sr}\\L_{rs}&L_{rr}\end{bmatrix}\begin{bmatrix}i_s\\i_r\end{bmatrix} \tag{7-19}$$

式中，ψ 为绕组总磁链；ψ_s 为定子绕组总磁链；ψ_r 为转子绕组总磁链；L_{ss} 为定子绕组的自感；L_{rr} 为转子绕组的自感；L_{sr}、L_{rs} 分别为定子绕组和转子绕组的互感；i_s 为定子

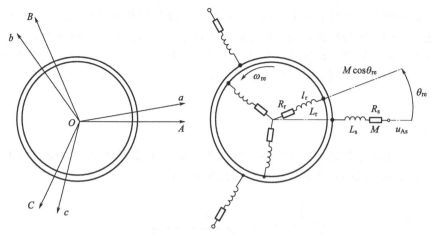

图 7-8 三相交流感应电动机物理等效模型

绕组总电流；i_r 为转子绕组总电流。

用三相静止坐标系表示电压方程为

$$\begin{bmatrix} u_s \\ u_r \end{bmatrix} = \begin{bmatrix} R_s & 0 \\ 0 & R_r \end{bmatrix} \begin{bmatrix} i_s \\ i_r \end{bmatrix} + \begin{bmatrix} L_{ss} & L_{sr} \\ L_{rs} & L_{rr} \end{bmatrix} \begin{bmatrix} \dfrac{di_s}{dt} \\ \dfrac{di_r}{dt} \end{bmatrix} + \begin{bmatrix} \dfrac{dL_{ss}}{d\theta_m} & \dfrac{dL_{sr}}{d\theta_m} \\ \dfrac{dL_{rs}}{d\theta_m} & \dfrac{dL_{rr}}{d\theta_m} \end{bmatrix} \begin{bmatrix} i_s \\ i_r \end{bmatrix} \omega_{re} \tag{7-20}$$

式中，u_s 为定子绕组总电压；u_r 为转子绕组总电压；R_s 为定子单相绕组的电阻；R_r 为转子单相绕组的电阻；θ_m 为转子机械转角；ω_{re} 为电机转子旋转角速度。

三相绕组储存的电磁能为

$$W = \frac{1}{2} \begin{bmatrix} i_s \\ i_r \end{bmatrix}^T \begin{bmatrix} L_{ss} & L_{sr} \\ L_{rs} & L_{rr} \end{bmatrix} \begin{bmatrix} i_s \\ i_r \end{bmatrix} \tag{7-21}$$

式中，W 为电磁能。

电磁转矩为

$$T_e = \frac{\partial W}{\partial \theta_m} = n_p \frac{\partial W}{\partial \theta} = \frac{1}{2} n_p \begin{bmatrix} i_s \\ i_r \end{bmatrix}^T \begin{bmatrix} 0 & \dfrac{\partial L_{sr}}{\partial \theta} \\ \dfrac{\partial L_{rs}}{\partial \theta} & 0 \end{bmatrix} \begin{bmatrix} i_s \\ i_r \end{bmatrix} \tag{7-22}$$

式中，T_e 为电磁转矩；n_p 为感应电动机极对数。

三相交流感应电动机的运动方程为

$$T_e - T_L = \frac{J}{n_p} \frac{d\omega_{re}}{dx} + \frac{D}{n_p} \omega_{re} + \frac{K}{n_p} \theta_m \tag{7-23}$$

式中，T_L 为负载转矩；J 为整个系统的转动惯量；D 为阻转矩阻尼系数；K 为扭转弹性转矩系数。

当负载为恒转矩时，$D = K = 0$。

第三节　汽车安全车距模型

安全车距是指在同一车道上，同向行驶的前后两车之间保持既不发生汽车追尾，又不降低通行能力的适当距离，保证 ACC 系统能正常工作。通过计算安全车距，可以及时提醒驾驶员注意，并能够在必要时采取措施避免事故发生，减轻事故造成的危害。

高速公路上行车的理想交通条件是在同一车道上，同向行驶的车辆均为单一车辆，以相同的速度连续不断地行驶，车辆之间保持一定的车头间距，构成一种稳定的交通流。如果跟随车辆的车头间距过小，则容易发生汽车追尾碰撞事故；如果车头间距过大，又会影响道路的通行能力。

一、汽车停车距离

典型的汽车制动过程如图 7-9 所示，驾驶员识别前方交通情况，意识到应进行紧急制动，将右脚移动到制动踏板并紧急制动，直到汽车停止。

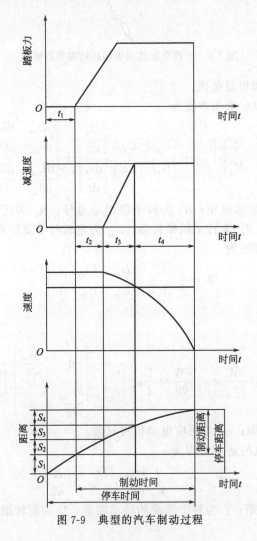

图 7-9　典型的汽车制动过程

汽车制动过程可以分为 4 个时间段，即驾驶员反应时间 t_1、制动器协调时间 t_2、制动器作用时间 t_3、制动器持续时间 t_4。

1. 驾驶员反应时间 t_1

驾驶员反应时间是指从驾驶员接到制动信号到把脚力加到制动踏板上所经历的时间。其中包括驾驶员接到制动信号并做出决定把脚从加速踏板换到制动踏板上、消除制动踏板间隙等所需要的时间，一般需要 0.4~1.5s，这与驾驶员反应快慢有关。在这段时间里，减速度

为零,车速为原来的初速度 u_0,行驶距离 S_1 等于初速度乘以驾驶员反应时间,即

$$S_1 = u_0 t_1 \tag{7-24}$$

2. 制动器协调时间 t_2

制动器协调时间是指驾驶员从施加制动踏板力开始到产生制动力,从而产生负加速度的时间,其中包括消除各铰链和轴承间隙的时间,以及制动摩擦片完全贴靠在制动鼓或制动盘上需要的时间。t_2 大小与制动器型式有关,液压制动系取 0.015～0.03s;气压制动系取 0.05～0.06s。在这段时间里,忽略发动机或驱动电动机阻力矩和汽车行驶阻力引起的减速度,减速度仍为零,车速仍为初速度 u_0,行驶距离 S_2 等于初速度乘以制动器协调时间,即

$$S_2 = u_0 t_2 \tag{7-25}$$

3. 制动器作用时间 t_3

制动器作用时间是指减速度从零增加到最大值 $a_{j_{\max}}$ 所需的时间,在这段时间里,汽车做变减速运动,任一时刻减速度为

$$\ddot{x} = \frac{a_{j_{\max}}}{t_3} t \tag{7-26}$$

行驶速度为

$$u = u_0 + \int \frac{a_{j_{\max}}}{t_3} t \, \mathrm{d}t = u_0 + \frac{a_{j_{\max}}}{2 t_3} t^2 \tag{7-27}$$

制动器作用时间 t_3 内行驶的距离 S_3 为

$$S_3 = \int_0^{t_3} u \, \mathrm{d}t = u_0 t_3 + \frac{a_{j_{\max}}}{6} t_3^2 \tag{7-28}$$

4. 制动器持续时间 t_4

制动器持续时间是指制动减速度保持一段最大值的时间。在这段时间里,汽车做匀减速运动。t_3 时间的末端速度 u_1 为

$$u_1 = u_0 + \frac{a_{j_{\max}}}{2} t_3 \tag{7-29}$$

制动器持续时间 t_4 内行驶的距离 S_4 为

$$S_4 = \frac{-u_1^2}{2 a_{j_{\max}}} = -\frac{u_0^2}{2 a_{j_{\max}}} - \frac{a_{j_{\max}}}{8} t_3^2 - \frac{u_0 t_3}{2} \tag{7-30}$$

汽车停车距离 S 为

$$S = S_1 + S_2 + S_3 + S_4 = u_0 \left(t_1 + t_2 + \frac{t_3}{2}\right) - \frac{u_0^2}{2 a_{j_{\max}}} + \frac{a_{j_{\max}}}{24} t_3^2 \tag{7-31}$$

一般情况下,t_3 较小,故可略去其平方项 $\frac{a_{j_{\max}}^2}{24} t_3^2$,若速度单位为 km/h,时间单位为 s,则汽车停车距离 S 为

$$S = \frac{1}{3.6}\left(t_1 + t_2 + \frac{t_3}{2}\right) u_0 - \frac{u_0^2}{25.92 a_{j_{\max}}} \tag{7-32}$$

由此可见,决定汽车停车距离的因素是驾驶员反应时间、制动器协调时间和作用时间、最大制动减速度和起始制动车速。驾驶员反应时间、制动器协调时间和作用时间短,其停车距离短;最大制动减速度大,其停车距离短;起始制动速度高,停车距离长。

汽车最大制动减速度为

$$a_{j_{max}} = \frac{F_{x_{max}}}{m} \tag{7-33}$$

式中，$F_{x_{max}}$ 为汽车能够产生的最大地面制动力；m 为汽车质量。

最大地面制动力与附着力以及制动系统是否有防抱装置有关。若允许汽车前、后轮同时抱死，则汽车最大制动减速度为

$$a_{j_{max}} = \mu_s g \tag{7-34}$$

式中，μ_s 为滑移附着系数。

若装有理想的制动防抱死装置来控制汽车的制动，则汽车最大制动减速度为

$$a_{j_{max}} = \mu_p g \tag{7-35}$$

式中，μ_p 为峰值附着系数。

汽车制动时，一般不希望任何车轴上的制动器抱死，故 $a_{j_{max}} < \mu_s g$。

二、汽车安全车距模型

两车在高速公路上同向行驶时，若后车速度大于前车速度，两车将会不断接近，后车驾驶员稍不注意，就可能发生碰撞事故。要避免同向行驶的两车相撞，就需要实时判断两车的相对距离是否为安全车距。只要两车相对距离大于等于安全车距，两车就不会发生追尾。

为了保证行车的绝对安全，取前车的极限情况，即前车静止。模型采用两次报警的方式，将驾驶员的反应时间和汽车的制动时间分离出来。提醒报警距离考虑驾驶员的反应时间，刹车报警距离不考虑驾驶员的反应时间。

设 S_t 为提醒报警距离，S 为停车距离，S_0 为安全车距，则提醒报警距离为

$$S_t = S + S_0 = \frac{1}{3.6}\left(t_1 + t_2 + \frac{t_3}{2}\right)u_0 - \frac{u_0^2}{25.92 a_{j_{max}}} + S_0 \tag{7-36}$$

前车静止状态时的刹车报警距离如图 7-10 所示。

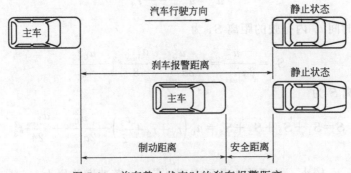

图 7-10 前车静止状态时的刹车报警距离

设 S_s 为刹车报警距离，S_b 为制动距离，则刹车报警距离为

$$S_s = S_b + S_0 = \frac{1}{3.6}\left(t_2 + \frac{t_3}{2}\right)u_0 - \frac{u_0^2}{25.92 a_{j_{max}}} + S_0 \tag{7-37}$$

计算出提醒报警距离和刹车报警距离，将雷达实测的车间距离与报警距离进行比较，就可以确定报警时刻。

第四节 自适应巡航系统控制技术

一、汽车 ACC 系统控制方法

燃油汽车 ACC 系统控制方法如图 7-11 所示,它分为双层控制:第一层根据雷达、车速和加速度传感器信号控制车速及加速度,获得期望车速和期望加速度信号;第二层接收第一层信号的输入,并对驱动系统和制动系统进行调节,输出节气门开度和制动压力指令,从而控制发动机和液压制动装置。

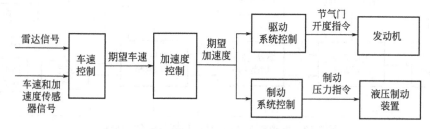

图 7-11 燃油汽车 ACC 系统控制方法

电动汽车 ACC 系统控制方法如图 7-12 所示,它分为三层控制:第一层根据雷达和传感器信号控制加速度及转矩,获得期望加速度与期望转矩信号;第二层对第一层输出的期望转矩进行分配,获得期望电动机驱动转矩、期望电动机制动力矩和期望液压制动力矩;第三层接收第二层信号协调驱动系统和制动系统控制,输出电动机驱动转矩指令、电动机制动力矩指令和液压制动力矩指令,分别控制驱动电动机和液压制动装置。

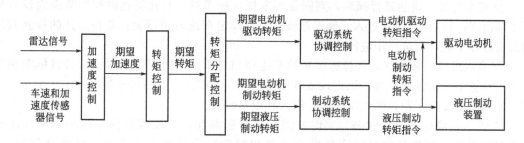

图 7-12 电动汽车 ACC 系统控制方法

二、汽车 ACC 系统控制策略

汽车 ACC 系统是基于人-车-环境的闭环系统,需要合理的控制策略来保证基本功能的实现,驾驶员通过控制开关控制 ACC 系统的工作状态(开和关),设置车速(Speed)和车距(Distance)参数,并通过加速和制动踏板对汽车纵向运动进行干预。汽车自适应巡航控制策略主要包括三个:定速巡航与跟车切换策略,以获得期望车速和期望加速度;包含制动力矩分配策略的驱动与制动切换策略,以获得期望驱动转矩和期望制动力矩;驾驶员主动干预控制策略。

电动汽车 ACC 系统控制策略结构原理如图 7-13 所示,v_h 为主车实际车速;v_r 为相对车速；d_r 为相对车距；v_e 为期望车速；a_e 为期望加速度；T_e 为期望驱动转矩；T_z 为期望制动力矩。

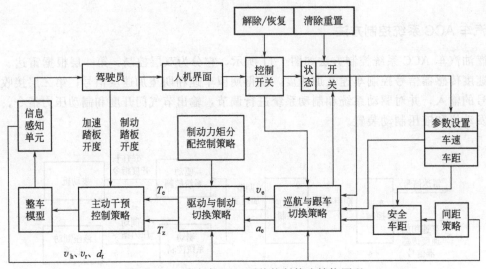

图 7-13 电动汽车 ACC 系统控制策略结构原理

1. 定速巡航与跟车切换策略

定速巡航模式是主车以 ACC 系统设定的车速为目标车速，达到设定车速后匀速行驶；跟车模式是主车随着目标车辆的运动状态而改变车速，从而保证与目标车辆保持着最佳的行车间距。自适应巡航就是汽车能根据行驶路况选择合适功能模式以保证行车安全，实现对汽车纵向运动的控制，最大限度地提高道路的利用率。定速巡航和跟车模式切换应遵守以下规则。

① 汽车行驶，雷达进行探测，判断是否发现目标车辆。若在雷达的检测范围内没有目标车辆出现，则 ACC 系统进入定速巡航模式，以设定车速匀速行驶；若在雷达的检测范围内发现目标车辆，则进一步进行判断。

② 雷达发现目标车辆，将目标车辆的车速和相对车距信号反馈给主车，若目标车辆车速大于或等于主车设定车速，则进入或者保持定速巡航模式；若目标车辆车速小于主车设定车速，则结合安全车距控制主车车速，进入到跟车模式。

③ 雷达始终处于工作状态，实时探测汽车行驶路况，若发现目标车辆驶离并且出现新的目标车辆，则将新的目标车辆的车速和相对距离信号反馈给主车，继续进行跟车；若发现目标车辆突然驶离且无新的目标车辆出现，则主车由跟车模式切换到定速巡航模式。

④ ACC 系统作为辅助系统必须遵循始终以驾驶员指令优先的原则，汽车行驶路况复杂，要时刻做好对突发事件做出快速响应的准备，若出现紧急制动、主动干预等强制性动作，则立刻退出 ACC 系统，等待激活指令。

2. 驱动与制动切换策略

电动汽车通常是采用电动机再生制动为主、机械制动为辅的制动形式，在 ACC 系统激活状态时只需考虑中轻度和下长缓坡时的制动情况，由紧急制动系统完成紧急制动。

再生制动时电动机输出负转矩，通过机械传动将制动力矩作用于车轮，实现电能转化成机械能，这部分机械能一部分变成热量消失，一部分通过传动装置反传给电动机，电动机充当发电机对蓄电池充电，实现机械能向电能的转换，因此，电动机在产生制动力矩的同时会向蓄电池回馈能量。为了实现安全制动和高效回收制动能量的双重目标，需要制定合理的制动力矩分配策略。

驱动与制动之间的切换可以根据制动踏板开度和期望输出转矩来确定，只要制动踏板开度大于零，或者期望输出转矩小于零，则禁止一切驱动指令；当期望输出转矩增大到正值且制动踏板没有动作时，切换到驱动模式，避免切换时发生冲突，确保行车安全。

3. 驾驶员主动干预策略

任何安全辅助系统都必须遵循优先执行驾驶员操作的原则，当 ACC 系统处于工作状态时，可以通过踏板开度信号来判断驾驶员是否进行干预，同时根据路况通过控制电动机转速和踏板开度实时调节车速。

将踏板开度转换成 0~1 的数字信号，设踏板总行程为 1 对应踏板全开度，并设置门限值为 $|e|$，若期望制动踏板开度数字信号 A_1 与实际制动踏板开度数字信号 A_2 误差超出设定的误差范围，则 ACC 系统退出工作进入待命状态，由驾驶员决定接下来的指令；驾驶员也可以随时改变 ACC 系统的状态，重新激活 ACC 系统，并可以保留或重新设置参数，若处于误差范围内，进入到第二个门限判断；若期望加速踏板开度和实际踏板制动开度数字信号 A_3、A_4 满足 $|A_3-A_4|>|e|$，则 ACC 系统进入待命状态，否则 ACC 系统处于激活状态，ACC 系统正常工作。

三、定速巡航模糊自适应 PID 控制算法

模糊自适应 PID 控制能有效解决模糊控制中无法定义目标的问题，提高系统动态品质，也能够对 PID 控制过程中各参数进行自动调整，具有适应性好、控制精度高、灵活等优点。

1. 模糊自适应 PID 控制原理

模糊自适应 PID 控制是由二维模糊和传统 PID 控制算法共同实现的，以设定值与反馈值的误差及其误差变化率作为系统的输入，运用模糊推理，自动实现对 PID 参数的最佳调整。

模糊自适应 PID 控制原理如图 7-14 所示，r_{in} 为输入的设定值，可以选取主车的设定车速；e 和 e_c 分别为车速的误差及误差变化率的精确值，E 和 E_c 分别为车速的误差及误差变化率的模糊值，K_p、K_i 和 K_d 分别为比例、积分及微分系数的模糊值，k_p、k_i 和 k_d

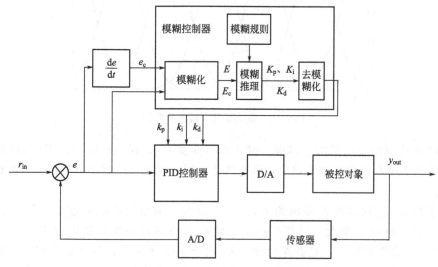

图 7-14 模糊自适应 PID 控制原理

分别为比例、积分及微分系数的动态精确值，y_{out} 为输出的被控变量，是主车的期望车速。

2. 量化比例因子和基本论域

论域包括基本论域（即变量实际变化范围为精确值）和集合论域（即将基本论域模糊化的一个过程），设 e、e_c、k_p、k_i 和 k_d 对应的模糊子集论域表达形式均为 $\{-n, -n+1, -n+2\cdots n-2, n-1, n\}$。量化比例因子分别为

$$k_E = \frac{n}{e}$$

$$k_{E_c} = \frac{n}{e_c}$$

$$k_P = \frac{n}{k_p} \tag{7-38}$$

$$k_I = \frac{n}{k_i}$$

$$k_D = \frac{n}{k_d}$$

可以取 [−120, 120]、[−12, 12] 作为 e、e_c 的基本论域；取 [0, 0.2]、[0, 0.2]、[0, 0.03] 作为 k_p、k_i、k_d 的基本论域。

3. 隶属函数和模糊控制规则表

将论域划分成若干等级，划分等级越多，控制精度越高。对于变量 E、E_c、K_p、K_i 和 K_d 均设定为 {NB, NM, NS, ZO, PS, PM, PB}，同时，对于输入变量取 $n=6$，对于输出变量，取 [0, 1] 为模糊子集论域。

隶属函数用于描述模糊集合，采用具有良好对称性和光滑性的高斯函数作为隶属函数，变量的隶属函数曲线如图 7-15 所示。

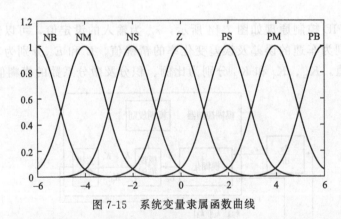

图 7-15 系统变量隶属函数曲线

需要确定模糊控制规则用于推理，对于输出变量 K_p、K_i 和 K_d 为 PID 控制的调节参数，参数数值大小直接影响调节效果和动态性能，因此选取合适的调节参数是达到良好控制效果的关键。

比例系数 K_p 是决定控制强弱的关键，K_p 变大，调节后的响应速度变快，稳态误差变小，但是超调量随之变大，易产生振荡，使动态性能及系统的稳定性变差；积分系数 K_i 以消除系统偏差为目标，具有滞后性，K_i 用于小幅度调节，调节效果与 K_p 类似；微分系数 K_d 起到抑制 K_p、K_i 的作用，K_d 变大，超调量变小，有利于提高动态性能，维

持稳定性。

根据 K_p、K_i 和 K_d 作用的特点，建立以下相应规则。

① 当 E 趋于正大或负大时，需要快速减小偏差，应增大 K_p，此时调节幅度变大，减小 K_i 与 K_d 可避免超调量过大和出现瞬态微分过饱和现象，以提高系统的稳定性和动态性能。

② 当 E 和 E_c 趋于正中或负中时，为了继续减小稳态误差同时减小超调量，消除振荡，应增大 K_i 同时减小 K_p；为了抑制 K_p 的控制强度，加快减小超调量，应增大 K_d。

③ 当 E 趋于正小或负小时，系统偏差较小，但为了进一步减小稳态误差，提高系统的稳定性和抗干扰能力，应该减小 K_d，适当增大 K_p 和 K_i。

④ 当 E 和 E_c 趋于零时，容易产生游车现象，降低汽车行驶的舒适性，因此应允许控制系统存在一定的稳态误差，适当地增大 K_p，减小 K_i，取消微分作用。

静态误差和超调量是实际控制过程中主要考虑的因素，在控制的各个阶段，根据不同的误差和误差变化率来确定比例系数，从而决定比例、积分和微分的作用强弱。对 K_p、K_i 和 K_d 制定的相应的控制规则分别见表 7-1、表 7-2 和表 7-3。将控制规则编入到 Rule Editor 中，共有 49 条规则，输入与输出变量特性曲线如图 7-16 所示，采用精度高的重心法进行反模糊化。

表 7-1　K_p 模糊控制规则表

K_p \ E_c \ E	NB	NM	NS	ZO	PS	PM	PB
NB	PB	PB	PM	PM	PS	ZO	ZO
NM	PB	PB	PM	PS	PS	ZO	NS
NS	PM	PM	PM	PS	ZO	NS	NS
ZO	PM	PM	PS	ZO	NS	NM	NM
PS	PS	PS	ZO	NS	NS	NM	NM
PM	PS	ZO	NS	NM	NM	NM	NB
PB	ZO	ZO	NM	NM	NM	NB	NB

表 7-2　K_i 模糊控制规则表

K_i \ E_c \ E	NB	NM	NS	ZO	PS	PM	PB
NB	NB	NB	NM	NM	NS	ZO	ZO
NM	NB	NB	NM	NS	NS	ZO	ZO
NS	NB	NM	NS	NS	ZO	PS	PS
ZO	NM	NM	NS	ZO	PS	PM	PM
PS	NM	NS	ZO	PS	PS	PM	PB
PM	ZO	ZO	PS	PS	PM	PB	PB
PB	ZO	ZO	PS	PM	PM	PB	PB

表 7-3　K_d 模糊控制规则表

K_d E_c / E	NB	NM	NS	ZO	PS	PM	PB
NB	PS	NS	NB	NB	NB	NM	PS
NM	PS	NS	NB	NM	NM	NS	ZO
NS	ZO	NS	NM	NM	NS	NS	ZO
ZO	ZO	NS	NS	NS	NS	NS	ZO
PS	ZO	ZO	ZO	ZO	ZO	ZO	ZO
PM	PB	PS	PS	PS	PS	PS	PB
PB	PB	PS	PM	PM	PM	PS	PB

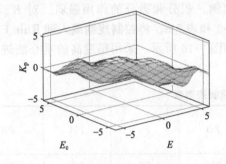

(a) 输入变量与 K_p 的特性曲线

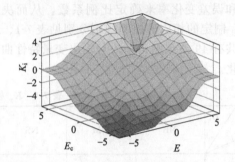

(b) 输入变量与 K_i 的特性曲线

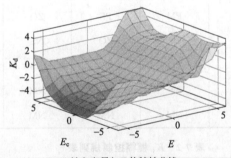

(c) 输入变量与 K_d 的特性曲线

图 7-16　输入与输出变量特性曲线（彩图）

四、跟车模式模型预测控制算法

模型预测控制算法（MPC）是一种基于预测模型的控制算法，其利用滚动优化的方法，以局部最优解代替全局最优解，并充分利用实际控制状态进行反馈校正，来增强控制过程的鲁棒性。它不需要十分精确的数学模型，而且优化算法和约束可以自行设计，具有较好的动态控制效果和广泛的应用前景。

1. 模型预测控制原理

模型预测控制主要包括预测模型、滚动优化、在线校正和参考轨迹，其原理如图 7-17 所示。预测模型输入和输出分别为 $u(k)$ 和 $y_m(k+i)$，它是根据当前状态信息及输入，计算被控系统未来的状态和输出，可以是状态方程、响应函数或传递函数；滚动优化是获得最优的被控对象输入,它是在有限时域内的反复在线滚动优化,优化算法选取一定的优化指标及约束条件,计算满足约束条件的最优值作为被控量;在线校正是为了消除真实系统与预测模型的失配或环境干扰导致的控制偏差,对产生的偏差进行补偿,同时作为反馈,为下一个采样时刻的滚动优化提供数据,进行新的优化;参考轨迹输入和输出分别为 $s(k)$、$y(k)$ 和 $y_d(k+i)$,它是预期的控制目标,是平滑、缓和的一条期望曲线。

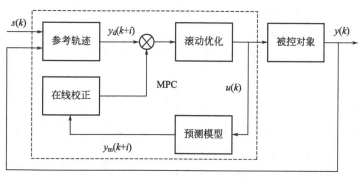

图 7-17 模型预测控制原理

通过滚动优化和在线校正可以克服被控系统的非线性及不确定性,提高系统的稳定性和鲁棒性。模型预测控制的基本思想是求解一个最优化的问题来获得最优的控制序列控制未来的行为。

2. 预测模型

选取主车加速度作为系统控制变量,相对车距、相对车速和主车车速作为系统输入变量,即

$$u(k) = a_h(k)$$
$$x(k) = \begin{bmatrix} d_r(k) & v_r(k) & v_h(k) \end{bmatrix}^T \tag{7-39}$$

式中,$u(k)$ 为系统控制变量;$a_h(k)$ 为主车加速度;$x(k)$ 为系统输入变量;$d_r(k)$ 为主车与目标车辆之间的相对车距;$v_r(k)$ 为主车与目标车辆之间的相对车速;$v_h(k)$ 为主车车速;k 为自然数。

为了简化预测模型,假设目标车辆的加速度为零,主车与目标车辆之间相对加速度为

$$a_r(k) = -a_h(k) \tag{7-40}$$

$k+1$ 时刻的相对车距、相对车速和主车车速分别为

$$\begin{aligned} d_r(k+1) &= d_r(k) + v_r(k)T_s - \frac{1}{2}a_h(k)T_s^2 \\ v_r(k+1) &= v_r(k) - a_h(k)T_s \\ v_h(k+1) &= v_h(k) + a_h(k)T_s \end{aligned} \tag{7-41}$$

因为输入变量可测,采样时间为 T_s,所以主车 $k+1$ 时刻的预测模型为

$$S: \begin{cases} x(k+1) = Ax(k) + Bu(k) \\ y(k) = Cx(k) \end{cases} \tag{7-42}$$

式中,$x(k+1) = \begin{bmatrix} d_r(k+1) & v_r(k+1) & v_h(k+1) \end{bmatrix}^T$;$y(k) = \begin{bmatrix} d_r(k) & v_r(k) & v_h(k) \end{bmatrix}^T$;$A = \begin{pmatrix} 1 & T_s & 0 \\ 0 & 1 & 0 \\ 0 & 0 & 1 \end{pmatrix}$;$B = \begin{pmatrix} -\frac{1}{2}T_s^2 \\ -T_s \\ T_s \end{pmatrix}$;$C = \begin{pmatrix} 1 & 0 & 0 \\ 0 & 1 & 0 \\ 0 & 0 & 1 \end{pmatrix}$;$k = 0, 1, 2 \cdots n$。

增量式预测模型以控制变量的变化率为系统输入,为了防止加速度变化过大,可以选取加速度的变化率作为系统的输入,提高系统的稳定性,加速度变化率表达式为

$$\Delta u(k) = u(k) - u(k-1) \tag{7-43}$$

将式(7-43)带入式(7-39)得

$$u'(k) = u(k) - u(k-1)$$
$$x'(k) = \begin{bmatrix} d_r(k) & v_r(k) & v_h(k) & u(k-1) \end{bmatrix}^T \tag{7-44}$$

由此获得增量式预测模型为

$$S: \begin{cases} x'(k+1) = Ax'(k) + Bu'(k) \\ y'(k) = Cx'(k) \end{cases} \tag{7-45}$$

式中,$A = \begin{bmatrix} 1 & T_s & 0 & -\frac{1}{2}T_s^2 \\ 0 & 1 & 0 & -T_s \\ 0 & 0 & 1 & T_s \\ 0 & 0 & 0 & 1 \end{bmatrix}$;$B = \begin{bmatrix} -\frac{1}{2}T_s^2 \\ -T_s \\ T_s \\ 1 \end{bmatrix}$;$C = \begin{bmatrix} 1 & 0 & 0 & 0 \\ 0 & 1 & 0 & 0 \\ 0 & 0 & 1 & 0 \\ 0 & 0 & 0 & 1 \end{bmatrix}$;$k = 0, 1, 2 \cdots n$。

3. 滚动优化

自适应巡航控制需要在保证安全性的同时兼顾舒适性的前提下实现跟车功能,因此优化目标可以定为减小跟车误差,约束加速度及其变化率,抑制过大的振荡。

跟车误差的优化目标是在不影响安全性的前提下尽可能的小,由于在建立期望相对车距函数时已经考虑安全车距的问题,因此只需要对误差值取极小值,表达式为

$$J_d(k) = \min e_d(k) = \min |d_r(k) - d_e(k)| \tag{7-46}$$

式中,$J_d(k)$ 为跟车误差优化值;$e_d(k)$ 为跟车误差;$d_r(k)$ 为实际相对车距;$d_e(k)$ 为期望相对车距。

跟车的最终目标是在一定时间内与前车车速保持一致,进行稳定跟车,相对车速优化值为

$$J_v(k) = \min v_r(k)$$
$$v_r(k) \underset{k \to \infty}{=} 0 \tag{7-47}$$

式中,$J_v(k)$ 为相对车速优化值。

加速度及其变化率在满足约束条件的情况下尽可能取极小值,即

$$J_{a_h}(k) = \min a_h(k) \quad a_{h_{\min}}(k) \leqslant a_h(k) \leqslant a_{h_{\max}}(k)$$
$$J_{u'}(k) = \min u'(k) \quad u'_{\min}(k) \leqslant u'(k) \leqslant u'_{\max}(k) \tag{7-48}$$

式中,$J_{a_h}(k)$ 为主车加速度优化值;$J_{u'}(k)$ 为主车加速度变化率优化值;$a_{h_{\min}}(k)$ 为加速度最小值;$a_{h_{\max}}(k)$ 为加速度最大值;$u'_{\min}(k)$ 为加速度变化率最小值;$u'_{\max}(k)$ 为加速度变化率最大值。

对控制量和输出量进行约束后,在未来任意时刻,控制量的增量和输出量的预测值的每一次优化都需要满足约束条件,即

$$u'_{\min}(k) \leqslant u'(k) = u'(k-1) + \Delta u'(k) \leqslant u'_{\max}(k)$$
$$y'_{\min}(k) \leqslant y'(k) = y'(k-1) + \Delta y'(k) \leqslant y'_{\max}(k) \tag{7-49}$$

式中,$u'_{\min}(k)$ 为控制变量的最小值;$u'_{\max}(k)$ 为控制变量的最大值;$y'_{\min}(k)$ 为输出变量的最小值;$y'_{\max}(k)$ 为输出变量的最大值。

二次型优化性能指标的向量形式为

$$\min_{u'(k)} J(k) = \| X'(k) \|^2_{Q(k)} + \| U'(k) \|^2_{R(k)} \tag{7-50}$$

式中，$X'(k)$ 为输入变量向量形式；$U'(k)$ 为控制变量向量形式；$Q(k)$ 为误差权矩阵；$R(k)$ 为控制权矩阵。

将跟车误差、相对车速与相对加速度作为优化问题的输入变量，即 $X'(k) = [e_d(k) \quad v_r(k) \quad a_h(k-1)]^T$；加速度变化率作为控制变量，即 $U'(k) = u'(k)$；误差权矩阵为 $Q(k) = \mathrm{diag}[q_{e_d}(k), q_{v_r}(k), q_{a_h}(k)]$；控制权矩阵为 $R(k) = r_{u'}(k)$，通过调节权矩阵中的加权系数，对跟车、安全和舒适性能进行平衡，达到最佳效果。

在满足变量约束的情况下，以有限控制量作为优化变量，对未来 N 个时刻在线求出数学规划问题，即转变成二次规划问题求解，得到具体的优化方程为

$$\min_{u'(k)} J(k) = \sum_1^N [X'^T(k+1|k)Q(k)X'(k+1|k)] + \sum_0^N [u'^T(k+1|k)R(k)u'(k+1|k)]$$

约束条件为
$$S: \begin{cases} x'(k+1) = Ax'(k) + Bu'(k) \\ y'(k) = Cx'(k) \end{cases} \tag{7-51}$$

$$u'_{\min}(k) \leq u'(k) \leq u'_{\max}(k)$$
$$y'_{\min}(k) \leq y'(k) \leq y'_{\max}(k)$$

式中，$k+1|k$ 表示在 k 时刻，通过预测模型预测 $k+1$ 时刻控制系统的输出。

通常优化方程在某些时刻是无解的，因此需要添加松弛因子。转变后的优化方程为

$$\min_{u'(k)} J'(k) = \min_{u'(k)} J(k) + \rho \varepsilon^2 \tag{7-52}$$

式中，ε 为松弛因子；ρ 为待定系数。

同时还需要将优化方程转化成标准二次型才能进行求解，具体的转化方法可以通过编程完成，最终的求解通过 Matlab 中的 quadprog 函数实现。

4. 在线校正

在线校正是将输出的信号反馈到系统的输入进行实时校正。由于本系统整个过程是闭环滚动的，系统的输出即为输入变量，并且可测，因此可以作为下一步预测和优化的基点。

外界不引入其他措施通过状态的刷新，实现预测向实际接近，即循环优化的过程中会产生一系列控制变量增量，不断进行更新，因此每一次输入控制增量进行叠加后再作为系统的输入，每个周期如此反复，实现系统的校正。

第五节 自适应巡航控制系统仿真

一、汽车 ACC 系统 Simulink 仿真

1. 汽车 ACC 系统 Simulink 仿真模型

根据模糊自适应 PID 控制算法，在 Matlab/Simulink 中对某电动汽车建立 ACC 系统模糊自适应 PID 控制仿真模型，如图 7-18 所示。驾驶员的设定车速和实际车速作为整个控制系统的输入变量，设定车速和实际车速差值作为 PID 调节模块的输入变量，设定车速和实际车速差值及其变化率作为模糊控制模块输入变量，主车的加速度作为整个控制系统输出变量。合并已经建立的模糊与 PID 控制模块，PID 调节的量化因子 k_E 和 k_{E_c} 分别取 0.05 和 12，比例因子 k_P、k_I 和 k_D 分别取 0.2、0.5 和 0.03，PID 比例、积分和微分模块的初始值分别取 0、0.2 和 2.5。

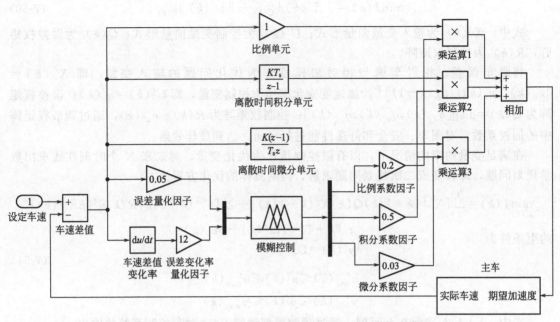

图 7-18 电动汽车 ACC 系统模糊自适应 PID 控制仿真模型

根据模型预测控制算法，在 Matlab/Simulink 中对某电动汽车建立 ACC 系统模型预测控制仿真模型，如图 7-19 所示。ref 表示参考轨迹，mo 表示预测模型，md 表示干扰因素，mv 表示控制变量。

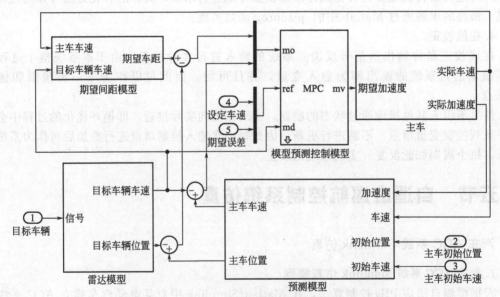

图 7-19 电动汽车 ACC 系统模型预测控制仿真模型

模型预测控制仿真模型以加速度作为输出的控制信号，反馈的测量信号为主车的车速和实际的行车车距，实际的行车车距与期望的行车车距经计算获得行车误差作为自变量，并以前车车速作为系统的干扰，以期望车距和设定车速作为参考信号，预测时域和控制水平分别为 10 和 2，采样时间为 0.1，约束条件、采样时间等一些具体参数根据给出的仿真工况设定。

2. 汽车 ACC 系统 Simulink 仿真分析

利用图 7-18 和图 7-19 的仿真模型，可以对电动汽车自适应巡航各种工况进行仿真分析。

(1) 巡航工况仿真　假设目标车辆的车速为 80km/h，主车设定车速为 80km/h，主车初始车速为 40km/h，分别利用模糊自适应 PID 控制和模型预测控制仿真巡航工况，仿真时间为 15s，仿真结果如图 7-20 所示。

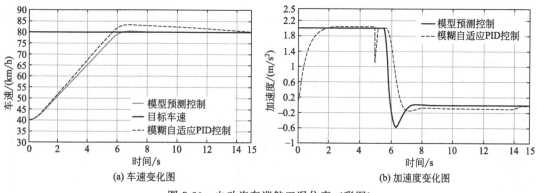

图 7-20　电动汽车巡航工况仿真（彩图）

由图 7-20 可知，两种控制都能使主车达到目标车速后进行巡航行驶，模型预测控制相对于模糊自适应 PID 控制调节时间缩短 46.7%，车速响应曲线从开始到初次达到稳态值的上升时间较长，车速超调量降低 87.5%；加速度响应曲线始终控制在限定范围内，加速度超调量降低 100%，无极速变化现象发生，稳定性较好。

(2) 跟车模式仿真　跟车模式可分为目标车辆减速、目标车辆加速、目标车辆驶离、目标车辆插入和目标车辆频繁变速 5 种工况，其中最复杂的是目标车辆频繁变速工况。

选取两车初始车速均为 60km/h，初始车距为 60m，目标车辆加速度是幅值和周期分别为 0.2 和 10π 的正弦函数，仿真时间为 80s，仿真结果如图 7-21 所示。

仿真结果表明在大约 2s 后进入稳定状态。初始时两车车速相同，车距误差为负时，主车开始减速，实际加速度逐渐减小；大约 1s，行车车距第一次达到期望车距，实际加速度达到最小值 $-1.55\mathrm{m/s^2}$，此时主车车速小于目标车速，主车期望加速度为 $2\mathrm{m/s^2}$，实际加速开始增大，车距误差为正，车速继续增加；大约 2s 时，再次达到期望车距，主车完成车距调节，期望与实际加速度曲线重合，主车车速和加速度随目标车辆车速和加速度滞后跟随，滞后的时间约 2s。模型预测控制对于目标车速变化能够快速地进行车距调节，稳定时控制车距保持在期望值，并持续对变化的车速做出相应的响应，跟随目标车辆行驶。

二、汽车 ACC 系统联合仿真

1. 联合仿真模型的建立

CarSim 软件运行速度快，能够为 ACC 系统联合仿真提供车辆模型，同时可以设置车辆的行驶环境，模拟车辆的行驶状况，展示 ACC 系统的控制效果。

CarSim 界面主要分人、车、路三个设置模块，建立一个新的 Datesets，驾驶员设定车速和仿真时间根据具体的仿真工况进行设置。根据分级标准，轴距大于 2800mm 为豪华 D 级车，在 CarSim Vehicle Configuration 模块下选取 D-Class 车型，将车辆参数依次输入设置界面。在 Miscellaneous Date 选择 3D Road，设置道路为平坦、附着系数为 0.8 的四条直道。

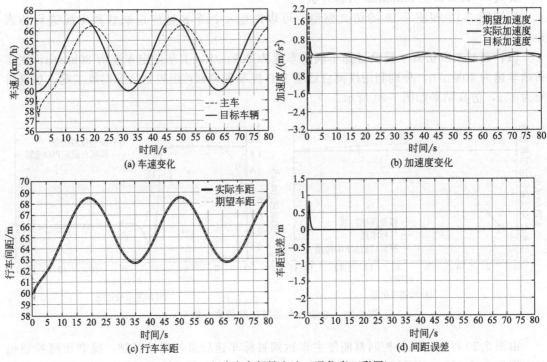

图 7-21 电动汽车频繁变速工况仿真（彩图）

设置主车道前方有两辆车，主车为蓝色车辆，设置旁边两侧车道车辆循环来往，同向车道车辆车速为主车车速的 0.9 倍，异向车道车辆车速与主车车速相同。前方和两侧都安有雷达，分别用于探测前方和两侧车辆的距离，设置前方雷达探测的有效范围为 0~100m，主车的行驶环境如图 7-22 所示。

图 7-22 主车的行驶环境（彩图）

将车辆模型发送到 Simulink 中，搭建联合仿真模型，如图 7-23 所示。由于 CarSim 没有电动汽车模型，需要切断发动机对车辆的动力输出，直接从外部输入转矩信号控制车轮转速。目标车辆的信号由雷达获取，雷达将信号传递给 ACC 模型预测控制器输出期望的加速度，再由期望转矩模型计算出期望的输出转矩作为 CarSim 整车模型的输入信号，车辆模型再根据输入的转矩信号输出对应的车速、加速踏板开度与驱动轮转矩信号。

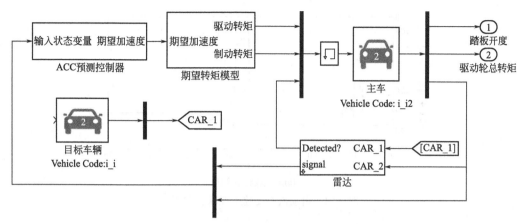

图 7-23 CarSim 与 Simulink 联合仿真模型

2. 联合仿真分析

为了观察车速变化时加速踏板开度与驱动轮转矩的变化趋势,利用如图 7-23 所示的联合仿真模型进行仿真分析。假设驾驶员设定初始车速后不进行干预,目标车辆初始车速为 80km/h,5s 时以 $2.2m/s^2$ 的加速度加速到 120km/h,再缓慢减速到 60km/h,35s 时车速突然变为 80km/h,持续 2s 后,再加速到 110km/h 后进入匀速行驶阶段,设置仿真时间为 70s,仿真结果如图 7-24 所示。

初始时,主车探测到目标车辆进行减速,加速踏板开度由正瞬间变为零,驱动轮转矩由正瞬间变为负。由于目标车辆在加速,7.5s 时主车达到目标车速,主车随目标车速增大,加速踏板开度瞬间增大到 0.6 后逐渐增大到 1,驱动轮转矩增大到 430N·m,加速度为 $1.4m/s^2$;约 9.5s 时达到设定车速后不再增加,以 100km/h 的车速匀速行驶,加速踏板开

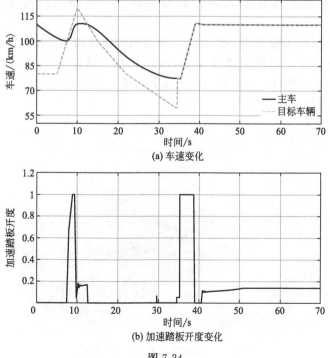

图 7-24

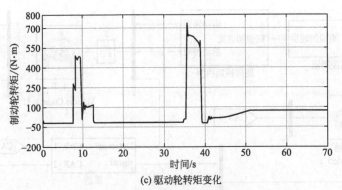

(c) 驱动轮转矩变化

图 7-24　电动汽车变速工况联合仿真

度和驱动轮转矩分别减小到 0.85 和 100N·m；约 12.5s 时两车车速第二次相同，主车随着目标车辆减速，加速踏板开度为零，驱动轮转矩为负；35s 时目标车辆车速突然变为 80km/h，主车完成车速调节，开度和转矩恒定在一个较小值；匀速行驶 1s 后，主车随目标车辆进行加速，加速踏板开度为 1，转矩保持在 600N·m 左右；38s 时车速减小，40s 达到 110km/h 后进入匀速行驶阶段，加速踏板开度为 0.15，驱动轮转矩为 90N·m。加速踏板开度与驱动轮转矩的变化趋势是相同的，加速阶段加速踏板开度和转矩为正；减速阶段加速踏板开度为零，转矩为负。

第六节　自适应巡航控制系统应用实例

ACC 系统使汽车辅助驾驶的品质达到新的高度，驾驶员的大量任务可由 ACC 系统自动完成，在很大程度上减轻了驾驶员的负担。目前，汽车 ACC 系统主要应用在中高级轿车上，但随着 ACC 系统的不断发展与完善，一些中低档汽车也开始装配 ACC 系统。

沃尔沃汽车的 ACC 系统如图 7-25 所示，通过前挡风玻璃的摄像头以及隐藏在前格栅内的雷达来监测前方路况，在速度超过 30km/h 时，按下转向盘上的启动键，就可以激活 ACC 系统。当前面有车辆时，自动跟着前方车辆行驶，但不会超过设定的速度；如果前方没有车辆，就按设定的速度行驶。

图 7-25　沃尔沃汽车的 ACC 系统

沃尔沃汽车的 ACC 系统具有以下功能。

① 它在 0~200km/h 的范围内都可以实现自动跟车。

② 对前车的识别能力强。当前车转弯或超过前车时，能快速捕捉到新的前方车辆，继续自动跟车。

③ 如果有车辆插队驶入两车之间，ACC 系统会调节车速以保持之前设定的两车之间的安全车距。

④ 具有辅助超车功能。如果感觉前车较慢，当驾驶员打转向进入另外一条车道准备超车时，汽车会做瞬时加速以尽快超过前车。

长安新 CS75 也装配了 ACC 自适应巡航系统，只需要开启功能之后进行简单的设定，就可以在高速公路上行驶，甚至下班回家路上堵车时"解放双脚"，如图 7-26 所示。长安新 CS75 的全速自适应巡航系统更可以通过语音进行速度限定，使汽车根据前面车辆的速度进行自我速度的调节，始终控制与前车的安全车距，便捷而高效。

图 7-26　长安新 CS75 汽车的 ACC 系统

未来汽车的 ACC 系统将同其他的汽车电子电控系统相互融合，形成智能汽车电子控制系统，在卫星导航系统的指引下，利用环境感知技术和网络通信技术，实现自动驾驶功能。

第八章 智能网联汽车自主换道技术

第一节 概述

智能网联汽车自主换道技术是指车辆为满足自身驾驶要求,在没有驾驶员干预的情况下进行自主换道行为的控制技术。智能网联汽车通过 V2V 技术获取周围车辆的位置、速度、加速度等信息,具有更高的实时性和准确性。依据数据进行换道条件的判断,避免由于驾驶员对环境误判引发的交通事故,可大大提高车辆的安全性和通行效率。

一、汽车换道引发交通事故

目前,我国是世界第一汽车生产大国和第一新车销售市场,汽车保有量快速增长。到 2025 年,预计汽车保有量达到 3 亿辆,千人保有量达到 210 辆,如图 8-1 所示。

图 8-1 我国汽车保有量

随着汽车保有量的增加,直接导致交通拥堵和交通事故的频发,带来严重的社会隐患。我国交通事故总量一直处于高位,车辆换道是最基本的驾驶行为之一,同时也是引发交通事故最多的驾驶行为之一,由换道引起的交通事故涉及多条车道,极易引发连环事故和严重的交通阻碍,如图 8-2 所示为汽车换道引发的交通事故。为了提高汽车的行驶安全和道路的通行通顺性,对车辆换道的研究是十分有必要的。智能网联汽车被认为是解决该问题的最有效的方法之一。

二、智能网联汽车自主换道技术

智能网联汽车自主换道技术主要涉及环境感知单元、网络通信单元、自主决策单元和底层控制单元,它们的关系如图 8-3 所示,在智能网联条件下,车辆-道路-环境组成一个完整系统。

图 8-2 汽车换道引发的交通事故

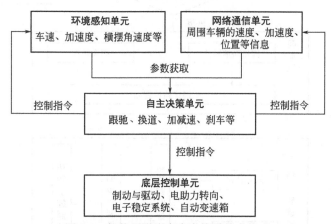

图 8-3 智能网联汽车自主换道技术构成

(1) 环境感知单元 环境感知单元主要由车载传感器组成，用于检测自身和周围车辆的行驶状态。如车载惯性传感器可以获取车辆的横纵向加速度及偏航角度；车轮转向传感器可以获取车轮的偏转角度；GPS 可以获取车辆的位置、速度等信息；踏板位置传感器可以实时监测油门、刹车踏板的位置等。遍布于车身的传感器可以实时获取车辆的状态信息，通过 CAN 总线技术实现信息共享。周围车辆的信息可通过雷达、红外、视觉传感器等获取，如可通过雷达获取前导车和后随车的速度、距离等信息。

(2) 网络通信单元 网络通信技术是智能网联汽车的核心技术，借助车联网技术，实现车与车、车与人、车与路侧设备的实施通信，实现信息交互与共享。一方面，向周围车辆、行人、路侧设备传递自身的速度、加速度、位置、驾驶决策等信息；另一方面，接收通信范围内其他车辆的速度、加速度、位置、驾驶决策等信息。智能网联汽车基于网联通信技术能够实时获取周围车辆和环境信息，识别驾驶环境的变化和危险情况，在实时、精确、全面获取信息的基础上，实现车辆的自主合理决策。

(3) 自主决策单元 自主决策单元相当于智能网联车辆的"大脑"，利用环境感知单元和网络通信单元获取的信息，做出满足自身驾驶需求并能够适应周围环境的驾驶决策。同时，自主决策单元还要制定与驾驶决策相匹配的车辆控制指令，传递给底层控制单元。根据设计好的算法和流程，决定车辆的行驶状态并发出指令。此外，智能网联汽车的自主决策单元还能够接收云端传来的控制指令，实现云端对道路车流量的协调控制。

(4) 底层控制单元 底层控制单元主要包括驱动与制动、自动变速器、电动助力转向等，执行自主决策单元传递来到控制指令。底层控制单元能够代替驾驶员的操作，实现车辆自主加速、减速、刹车、转向、变道等操作，从而实现车辆的自动驾驶。

三、智能网联汽车自主换道实现

智能网联汽车的自主换道主要分为换道意图的产生、换道时机的决策、换道轨迹的规划和换道轨迹的跟踪四个过程。智能网联汽车自主换道功能逻辑如图8-4所示。

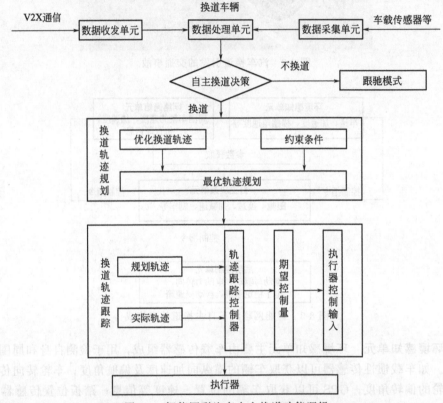

图8-4 智能网联汽车自主换道功能逻辑

智能网联汽车通过环境感知单元和网络通信单元获取自身及周围车辆的位置、速度与加速度等信息，判断行驶环境是否能满足自身的需求，并自主决策继续采用跟驰模式或是自主换道。若自主决策结果为换道，则根据约束条件和已有的轨道规划模型，规划出一条满足安全性、舒适性和通行效率要求的最优换道轨迹。在换道过程中，轨迹跟踪模式实时比较规划轨迹与实际轨迹的偏差，对换道轨迹进行实时控制，保证车辆按照规划好的轨迹进行换道。

四、智能网联汽车自主换道的作用

换道引起的交通事故占到总交通事故的4%～10%，虽然比例不高，但是由此引起的交通延误占总交通事故所引起延误时间的10%以上；而在车辆换道引起的交通事故中，由于人为因素导致的约占75%。车辆换道对交通流有着诸多影响，如何提高车辆换道操作的安全性和可靠度，一直是车辆工程和交通安全研究领域的重要课题。智能网联汽车自主换道的作用主要体现在以下方面。

(1) 安全性 驾驶员驾驶车辆换道时，对环境条件的判断仅依靠自己的感官和驾驶经验，信息获取不足，并且具有很大的不确定性。而智能网联汽车通过环境感知单元和网络通信单元获取实时、全面、精确的环境信息，加上科学合理的决策分析和稳定可靠的控制算法，使车辆自主换道的安全性比充满不确定因素的驾驶员更具优越性，可有效地避免人为因素造成的交通事故。

(2) 快速性 驾驶员对换道时机的判断具有很大的不确定性，有可能错过了良好的换道时机，也有可能判断失误，影响周围车辆的行驶甚至引发交通事故。智能网联汽车通过实时准确的数据分析换道时机，不仅避免人为因素导致的交通事故，而且减少由于不合理换道造成的交通延滞，提高车辆的通行效率，缓解交通压力。

(3) 舒适性 智能网联汽车的自主换道可将驾驶员从频繁的操作中解放出来，缓解长途驾驶中驾驶员的压力；以合理的行驶速度和行驶轨迹进行换道，换道过程平稳稳定，可提高乘客的舒适程度。

第二节　V2V 技术

智能网联汽车是智能交通系统（ITS）的重要组成部分之一，旨在实现"零伤亡、零拥堵"。智能网联汽车的自主换道主要通过 V2V 技术获取周围车辆的速度、加速度、位置等状态信息。

一、V2V 技术的原理

V2V 技术是一种不受限于固定式基站的通信技术，为移动中的车辆提供直接的一端到另一端的无线通信。即通过 V2V 通信技术，车辆终端彼此直接交换无线信息，无须通过基站转发。如图 8-5 所示，每辆车都可以向周围传播信息，也可以接收周围车辆传来的信息。

图 8-5　智能网联汽车行驶示意

V2V 通信需要一个无线网络，在这个网络上汽车之间互相传送信息，告诉对方自己在"做什么"，这些信息包括速度、位置、驾驶方向、刹车等，实现车与车之间的交流。V2V 是一种网状网络，网络中的节点可以发射、捕获并转发信号。网络上 5~10 个节点的跳跃就能收集 1km 以外的交通状况，这对多数驾驶员来说都有足够的应对时间。在发展之初，

V2V 对驾驶员来说可能只是闪烁的红灯警告,或是指示哪个方向有危险。现在多数测试车都可以自动刹车或转弯来避开危险。

二、V2V 技术的发展现状

V2V 技术已开展多年,2012 年美国交通部正式建立 V2V 技术研究中心之后,以奔驰为首的汽车厂商纷纷投入到这项技术的研发当中。2017 年 3 月,凯迪拉克宣布在中期改款的 CTS 上标配 V2V,这项技术开始走向实际应用。大众集团也宣布在 2019 年推出 V2V,全球大的汽车厂商加入阵营,V2V 在不久的将来可能会成为一项服务于大众的技术。

在凯迪拉克 CTS 上,V2V 技术体现的最主要功能是车辆间交流车速与所在位置,以此延伸到共享实时路况信息、紧急事故甚至恶劣天气等。利用 V2V 所需的短程通信技术和 GSP 系统,每一辆 CTS 都能够在 1s 内接收高达 1000 条路况信息,而这些信息来自 300m 范围内的车辆实时播报,如图 8-6 所示。正如 V2V 技术提出之初所预测的,这些信息的提前播报,可以为驾驶员提供足够反应时间,针对前方路况决定是否要提前减速或者绕道行驶,从交通安全与道路通行效率方面出发,都具有很大的帮助。

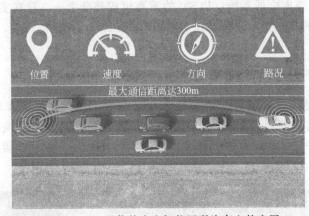

图 8-6　V2V 通信技术在智能网联汽车上的应用

V2V 的最基础技术都是依托于 5.9GHz 的无线网络进行的,同时需要基于技术需求,研发一系列的信息收集传感器等。而由于未来将会有大量车型投入到 V2V 功能的应用中,这意味着成千上万的数据将会在以秒为单位的时间内生成,这些信息的收发与处理需要云端的加入,作为信息中转与处理的平台。如图 8-7 所示为 V2V 技术的通信模块。

图 8-7　V2V 技术的通信模块

考虑到信息通道的问题，V2V 的未来绝不会仅仅局限在品牌内部的信息互通，因为这样并不会对整体的交通安全与效率提升有太大的帮助，不过，多品牌之间如何利用无线网络实现信息互通，这依然是一个很大的问题。在未来车载系统实现标准化之前，V2V 技术都只是一种品牌内部使用的功能。

三、V2V 技术的应用

V2V 技术能够在各种危险情况下提醒驾驶员，是对现有安全装置如车辆碰撞警告系统的有效补充。V2V 技术的主要目的是为了进一步提升道路行车安全。通过每辆车实时共享的信息，系统可以更全面并且更加迅速地及时做出反应，避免危险的发生。例如跟车行驶时，当前车因突发情况紧急制动的瞬间，该车辆也将同时发出相应信号告知周围车辆。该技术被期望能够在车道偏离、协同式自适应巡航、前撞报警、超车预警、盲点侦测、高速路合流辅助以及自动驾驶等方面发挥更多的作用。

第三节　自主换道决策模型

决策模型是智能网联汽车自主换道过程的基础和安全保障，只有在合适的时机换道，才能保证行驶安全和驾驶条件的通顺性。车辆需要根据环境信息、自身信息等进行自主换道决策，不仅要保证本车能够安全换道以满足自身的行驶需求，还要保证不影响后随车的正常行驶。

经过多年的发展，车辆换道模型的发展已较为完善，目前使用较多的换道模型有 Gipps、MITSIM、CORSIM、SITRAS 以及 MOBIL 等。Gipps 模型是最早被提出的换道模型，该模型认为换道过程为理性行为，是否换道取决于换道的安全性、可行性、障碍物的位置、专用车道的出现、当前车道和目标车道的相对速度优势等因素。MITSIM 模型将换道过程分为三个阶段：换道必要性的判断、换道间隙和方向的检测以及换道方案的实施。此外，MITSIM 模型首次将换道行为分为强制性换道和判断性换道两种。强制性换道定义为当车辆进入出口匝道、经过一个拥堵路段、避免进入禁止使用路段以及断头路等情况下发生的换道行为，基本上采用的是 Gipps 换道模型框架。对于判断性换道，采用期望速度，也就是在目标车前方有车辆的情况下，目标车辆达不到期望速度时，如果通过换道可以达到期望速度，便产生换道行为。但是 MITSIM 模型没有考虑间隙不足时，车辆间竞争合作下的减速让行行为。MOBIL 模型考虑到 MITSIM 模型的不足，引入换道车辆换道时与周边车辆的邻接关系，在动态过程中判断换道行为。

智能网联汽车一方面能够准确地监测自身当前的运动状态；另一方面能够实时获取通信范围内其他车辆的速度、加速度、位置等信息。考虑目标车辆与周围车辆的关系，将智能网联汽车的这两大优势融入换道决策中，以改进的 MOBIL 模型作为智能网联汽车自主换道的决策模型。该模型具有以下特点。

① 以车辆的加速度作为模型输入变量，能与多数跟驰模型较好地配合使用。
② 将换道需求的产生和换道可行性判断两个决策部分整合到一个模型公式中。

从换道安全和换道收益两方面考虑，提出换道决策应遵循的基本准则为安全准则和激励准则。考虑目标车辆换道对原车道和目标车道后随车的影响。

一、模型情景设定

在构建智能网联汽车自主换道模型前,首先要对换道模型情景进行设定,如图 8-8 所示为智能网联汽车自主换道情景示意。图中所有车辆均为智能网联汽车,且所有车道驾驶优先权都一致。每辆智能网联汽车均能够与通信范围内的车辆进行通信,即每辆智能网联汽车都可以通过车载传感器直接检测其前导车和后随车的运动状态,同时可以通过 V2V 通信技术实时获取通信范围内其他车辆的运动状态信息和驾驶决策信息,并实时向通信范围内的车辆发送自身的运动状态信息和驾驶决策信息。

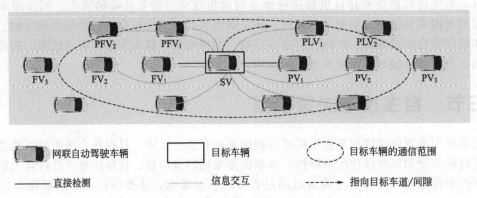

图 8-8 智能网联汽车自主换道情景示意(彩图)

图 8-8 中黄色方框内的车辆为目标车辆,记为 SV(Subject Vehicle),目标车辆换道前的车道和换道后的车道分别简称为原车道及目标车道。目标车辆在原车道上的前导车记为 PV(Preceding Vehicle),后随车记为 FV(Following Vehicle);目标车道上的前导车记为 PLV(Putative Leading Vehicle),后随车记为 PFV(Putative Following Vehicle)。因此,原车道上的第一辆前导车记为 PV_1,第二辆前导车记为 PV_2,以此类推,沿车流行驶方向,目标车辆在原车道上的第 i 辆前导车记为 PV_i。同样,沿车流行驶方向,将目标车辆在目标车道上的第 i 辆前导车记为 PLV_i。同理,将目标车辆在原车道的第 i 辆后随车记为 FV_i,目标车道上的第 i 辆后随车记为 PFV_i。在下文中,也将 PV_1、FV_1、PLV_1、PFV_1 分别简称为原车道的前导车、原车道的后随车、目标车道的前导车、目标车道的后随车,并分别简记为 PV、FV、PLV、PFV。

二、跟驰模型

所用的自主换道决策模型以加速度作为输入变量,根据换道前后目标车辆和前导车加速度的变化判断是否换道。因此,在建立决策模型前,需先确定一个合理的跟驰模型,以准确估计目标车辆换道后,目标车辆及目标车道上前导车的加速度。

跟驰模型选用智能驾驶员模型,智能驾驶员模型不但考虑自由流状态下目标车辆的加速度趋势,还考虑紧急情况下为防止碰撞事故发生的减速趋势,它是以统一的模型描述目标车辆不同状态下的跟驰特征。

智能驾驶员模型的表达式为

$$a_{SV} = f_{IDM}(v_{SV}, s_{SV}, \Delta v_{SV}) \\
= a_{max}\left\{1 - \left(\frac{v_{SV}}{v_0}\right)^{\delta} - \left[\frac{s^*(v_{SV}, \Delta v_{SV})}{s_{SV}}\right]^2\right\} \tag{8-1}$$

式中，a_{SV} 为目标车辆 SV 的加速度；v_{SV} 为目标车辆 SV 的速度；s_{SV} 目标车辆 SV 与其前导车的车间距；Δv_{SV} 为目标车辆 SV 与其前导车的相对速度差；δ 为加速度指数；v_0 为目标车辆 SV 的期望速度；$a_{\max}[1-(v_{SV}/v_0)^\delta]$ 表示自由流的加速度；$a_{\max}[s^*(v_{SV},\Delta v_{SV})/s_{SV}]^2$ 表示制动减速度，取决于车辆期望跟车距离 $s^*(v_{SV},\Delta v_{SV})$ 和实际跟车距离 s_{SV}。

期望跟车距离可以表示为

$$s^*(v_{SV},\Delta v_{SV})=s_0+v_{SV}T+\frac{v_{SV}\Delta v_{SV}}{2\sqrt{ab}} \tag{8-2}$$

式中，s_0 为静止时的安全距离；T 为安全车头时距；a 为加速度；b 为车辆的舒适减速度。

在式(8-2) 等号右边，第一项静止安全距离 s_0 表示在交通拥挤、车辆低速缓行时的安全距离；第二项 $v_{SV}T$ 表示在稳定交通流状态下，车辆以恒定的安全车头时距跟随前导车；第三项 $\dfrac{v_{SV}\Delta v_{SV}}{2\sqrt{ab}}$ 表示在不稳定交通流状态下，车辆实施制动决策，且将车辆的减速度控制在舒适减速度以内。智能驾驶员模型可保证车辆的无碰撞安全驾驶。

目标车辆 SV 与其前导车的车间距、相对速度差分别为

$$s_{SV}=\|x_{PV}-x_{SV}\|-l_{SV} \tag{8-3}$$
$$\Delta v_{SV}=v_{SV}-v_{PV} \tag{8-4}$$

式中，x_{PV} 为前导车 PV 的纵向位置；x_{SV} 为目标车辆 SV 的纵向位置；l_{SV} 为车辆的车长；v_{PV} 为前导车 PV 的速度。

已有文献证实，智能驾驶员模型的模拟结果与实际观测统计数据值吻合，能够很好地表示车辆从自由流到拥堵流状态下的交通流特征。

三、安全准则模型

保证目标车辆和周围车辆的安全行驶是自主换道决策模型的首要任务，换道模型的安全准则就是监测目标车辆期望执行的换道行为是否会对自身及原车道和目标车道上的后随车的安全行驶产生负面影响。

安全准则模型采用可接受间隙模型法，其基本原理是判断目标车辆与目标车道上的前导车、后随车之间的间隙是否大于临界间隙。如图 8-9 所示为换道场景，图中 d_1 是目标车辆与目标车道上后随车之间的临界间隙；d_2 是目标车辆与目标车道上前导车之间的临界间隙；d 是目标车辆换道的临界间隙。

临界间隙是保证目标车辆不与目标车道上的车辆发生碰撞的最小安全距离。其大小与目

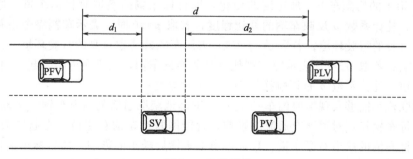

图 8-9 换道场景

标车辆、目标车道上的前导车、目标车道上的后随车的速度有关。多数跟驰模型描述目标车辆的速度 v_{SV}、目标车辆与前导车的间距 s_{SV}、目标车辆与前导车的相对速度 Δv_{SV} 三者之间的关系。

根据跟驰理论可知，车辆的加速度主要受其前导车的影响，基本不受其后随车的影响。故目标车辆换道后，其加速度受目标车道前导车 PLV 的影响，而目标车辆成为目标车道后随车 PFV 新的前导车，影响 PFV 加速度的变化。因此，临界间隙需满足目标车辆按照自身需求换道后，不仅要保证自身加速度小于安全减速度，而且要保证目标车辆后随车 PFV 的加速度小于安全减速度。即目标车辆换道后，目标车辆、目标车道后随车 PFV 的加速度应满足以下条件。

$$\tilde{a}_{SV} \geqslant -a_{safe} \tag{8-5}$$

$$\tilde{a}_{PFV} \geqslant -a_{safe} \tag{8-6}$$

式中，$\tilde{a}_{SV}$ 为目标车辆换道后目标车辆的加速度；$\tilde{a}_{PFV}$ 为目标车辆换道后目标车道上后随车 PFV 的加速度；a_{safe} 为最大安全减速度。

最大安全减速度的设定不仅要考虑车辆的安全性，还要考虑车辆速度变化对交通流产生的影响以及乘客的舒适程度。综合考虑这些因素，最大安全减速度 a_{safe} 的值可取 $2\mathrm{m/s^2}$。

四、激励准则模型

激励准则是分析目标车辆换道行为的收益，判断目标车辆的换道行为能否使目标车辆获得更快的行驶速度或更自由的驾驶空间。在 MOBIL 激励准则中，不仅要分析换道行为对目标车辆自身驾驶环境的改善，而且要考虑目标车辆的换道行为对原车道和目标车道上后随车的影响。即目标车辆的换道总效益由目标车辆的收益和对原车道、目标车道上后随车的影响两部分构成。当换道总效益大于给定的阈值，且满足安全准则的约束条件时，目标车辆的驾驶决策为换道。激励准则模型为

$$u_{SV} = \tilde{a}_{SV} - a_{SV} + p(\tilde{a}_{PFV} - a_{PFV} + \tilde{a}_{FV} - a_{FV}) > \Delta a_{TH} \tag{8-7}$$

式中，u_{SV} 为目标车辆的换道总效益；$\tilde{a}_{SV}$ 为目标车辆换道后的加速度；a_{SV} 为目标车辆当前的加速度；p 为礼让系数；$\tilde{a}_{PFV}$ 为目标车道上换道后后随车的加速度；a_{PFV} 为目标车道上后随车当前加速度；$\tilde{a}_{FV}$ 为目标车辆换道后在原车道上后随车的加速度；a_{FV} 为原车道上后随车的当前加速度；Δa_{TH} 为换道效益阈值。

$\tilde{a}_{SV} - a_{SV}$ 表示目标车辆换道后目标车辆加速度的增量，即目标车辆通过换道获得的行驶环境的改善。$\tilde{a}_{PFV} - a_{PFV}$ 和 $\tilde{a}_{FV} - a_{FV}$ 分别表示目标车辆换道后目标车道上的后随车 PFV 和原车道上的后随车 FV 加速度的变化，即目标车辆的换道对目标车道、原车道上后随车的影响。礼让系数 p 反映车辆的礼让程度，若取 $p=0$ 时，表示车辆完全不礼让其他车辆，只考虑自身的行驶环境；若取 $0<p<1$，表示车辆既考虑自身的行驶环境，又会注意对后随车的影响；若取 $p>1$，表示完全利他主义的换道车辆，只要换道会引起交通流的恶化，就不执行换道。礼让系数 p 是影响换道率的重要因素之一。

智能网联汽车能够实现实时的车-车通信，准确地获取通信范围内车辆的运动状况信息。为了减小目标车辆换道对道路交通流的影响，智能网联汽车的自主换道在制定激励准则时，可以考虑目标车辆的换道对原车道、目标车道上多辆后随车的影响。即目标车辆换道的总效益由目标车辆的收益和对原车道、目标车道上多辆后随车的影响两部分构成。激励准则模

型为

$$u_{SV} = \tilde{a}_{SV} - a_{SV} + p\left[\sum_{i=1}^{n}(\tilde{a}_{FV_i} - a_{FV_i}) + \sum_{j=1}^{n}(\tilde{a}_{PFV_j} - a_{PFV_j})\right] \quad (8\text{-}8)$$

式中，a_{FV_i} 为在原车道上第 i 辆后随车的加速度；$\tilde{a}_{FV_i}$ 为目标车辆换道后，在原车道上第 i 辆后随车的加速度；a_{PFV_j} 为目标车道上第 j 辆后随车的加速度；$\tilde{a}_{PFV_j}$ 为目标车辆换道后，目标车道上第 j 辆后随车的加速度。

对于智能网联汽车，礼让系数 p 可根据局部交通流管理与控制的需求，由云端控制中心决定。

智能网联汽车在满足安全准则的前提下，期望驾驶决策为换道的条件如下。

$$u_{SV} > \Delta a_{TH} \quad (8\text{-}9)$$

式中，Δa_{TH} 是一个给定的换道总效益阈值。

式(8-9)表示不允许换道总效益微小的换道决策。换道总效益阈值也防止了车辆随意、频繁的换道行为。

五、完整的自主换道决策模型

智能网联汽车通过自主换道的决策模型进行决策，判断是否换道。如果不存在同时满足安全准则和激励准则的目标车道，则目标车辆的期望驾驶决策为不换道。如果存在同时满足安全准则和激励准则的候选目标车道，则目标车辆的期望驾驶决策为换道，并从中选择换道总效益最大的目标车道。完整的自主换道决策模型可以看作是在换道安全准则和换道激励准则两个约束条件下，以最大化目标车辆的预期换道总效益为目标的最优化换道模型为

$$\begin{cases} u_{SV} = \tilde{a}_{SV} - a_{SV} + p\left[\sum_{i=1}^{n}(\tilde{a}_{FV_i} - a_{FV_i}) + \sum_{j=1}^{n}(\tilde{a}_{PFV_j} - a_{PFV_j})\right] \\ a_{SV} = a_{max}\left[1 - \left(\dfrac{v_{SV}}{v_0}\right)^{\delta} - \left(\dfrac{s^*(v_{SV}, \Delta v_{SV})}{s_{SV}}\right)^2\right] \\ \tilde{a}_{SV} \geqslant -a_{safe} \\ \tilde{a}_{PFV} \geqslant -a_{safe} \\ u_{SV} > \Delta a_{TH} \end{cases} \quad (8\text{-}10)$$

若最优化模型有解，则目标车辆的期望驾驶决策为换道，该最优解为相应目标车道的换道行为；若无最优解，则目标车辆的期望驾驶决策为不换道。

第四节　自主换道控制仿真

智能网联汽车自主换道控制的研究主要包括动态换道轨迹规划和换道轨迹的跟踪控制。其中，动态换道轨迹规划方法可以根据 V2V 技术获取的实时信息更新换道轨迹，使车辆更好地适应周围车辆运动状态的变化；换道轨迹的跟踪控制主要是通过车辆实际位置和期望位置之间的偏差，计算轨迹跟踪所需要的期望速度和横摆角速度。

一、动态换道轨迹规划

1. 换道轨迹规划简介

换道轨迹规划研究目的是在保证车辆安全的前提下,更加快速、通畅地变换到目标车道,对减少车辆延误、提高道路的通行效率有重要意义。目前,常用的车辆换道轨迹规划主要有等速偏移换道轨迹、圆弧换道轨迹、梯形加速度换道轨迹、正弦函数换道轨迹、多项式函数换道轨迹规划等。

(1) 等速偏移换道轨迹　等速偏移换道轨迹由 3 条线段组成,如图 8-10 所示,等速偏移换道轨迹在 A_1 与 A_2 处车辆运动方向发生跃变,在实际行驶过程中这是无法实现的,使用该方法需要做大量工作对已有的换道轨迹进行优化。

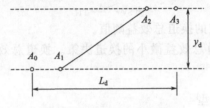

图 8-10　等速偏移换道轨迹

(2) 圆弧换道轨迹　圆弧换道轨迹的起始段和终段由两段圆弧构成,中间部分用直线过渡,如图 8-11 所示。最大缺陷为在圆弧端点 A_0、A_1、A_2、A_3 处曲率不连续,发生跃变,车辆若按照轨迹模型行驶需要在圆弧端点处停车以改变车辆前轮偏转角来适应换道轨迹的曲率半径,这不符合实际车辆换道过程,该方法无法直接使用。

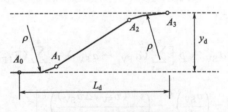

图 8-11　圆弧换道轨迹

(3) 梯形加速度换道轨迹　梯形加速度换道轨迹从换道车辆的横向加速度出发,认为加速度的形状由两个大小相等的正反梯形组成,如图 8-12 所示。梯形加速度换道轨迹能够很好地满足运动过程中曲率连续变化及其变化率的限制,但具有不灵活的缺点,如要调整换道过程则比较困难。

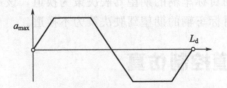

图 8-12　梯形加速度换道轨迹的加速度

(4) 正弦函数换道轨迹　正弦函数换道轨迹因其计算简便和具有优异的平滑特性,是目前被广泛采用的换道轨迹,如图 8-13 所示,但是该换道轨迹曲率的极大值出现在换道的起点和终点处,此时加速度最大,不满足约束条件,使用该方法也需要对已有的换道轨迹进行再规划。

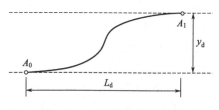

图 8-13 正弦函数换道轨迹

(5) 多项式函数换道轨迹 五次以上的多项式函数换道轨迹具有三阶连续可导和曲率连续不突变的优点,能够很好地模拟实际换道曲线,并将横纵向解耦,是比较理想的换道轨迹,如图 8-14 所示,该方法的难点在于边界条件的设置。

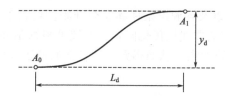

图 8-14 多项式函数换道轨迹规划

对于换道轨迹的规划,常用的几种换道轨迹规划方法都不能很好地满足车辆换道快速、顺畅的要求,需在已有的换道轨迹规划的基础上进行再规划。针对此问题,各研究都提出了各自的解决方案,但是其效果和计算的复杂程度差异很大。通过对比各规划方法的特点和效果,基于多项式的轨迹规划方法比较符合车辆的换道路径。

2. 多项式函数换道轨迹规划

为实现换道轨迹规划,首先选择理想的轨迹函数形式,这里选择五次多项式函数作为换道轨迹函数。以目标车辆换道初始位置为参考建立坐标系,以车辆重心为坐标原点,以车辆行驶方向为 x 轴,以车辆换道方向为 y 轴,建立车辆坐标系,则目标车辆的换道轨迹函数可表示为

$$\begin{cases} x(t)=a_5t^5+a_4t^4+a_3t^3+a_2t^2+a_1t+a_0 \\ y(t)=b_5t^5+b_4t^4+b_3t^3+b_2t^2+b_1t+b_0 \end{cases} \tag{8-11}$$

式中,$a_0 \sim a_5$、$b_0 \sim b_5$ 为未知数;t 为换道开始后的时间。

考虑换道过程中的边界条件,换道轨迹起点和终点的位置、速度和加速度与对应的实际值或期望值相同,即

$$\begin{cases} x(0)=x_0, \dot{x}(0)=v_{x,0}, \ddot{x}(0)=a_{x,0} \\ y(0)=y_0, \dot{y}(0)=v_{y,0}, \ddot{y}(0)=a_{y,0} \end{cases} \tag{8-12}$$

$$\begin{cases} x(t_f)=x_f, \dot{x}(t_f)=v_{x,f}, \ddot{x}(t_f)=a_{x,f} \\ y(t_f)=y_f, \dot{y}(t_f)=v_{y,f}, \ddot{y}(t_f)=a_{y,f} \end{cases} \tag{8-13}$$

式中,0 表示换道开始时刻;t_f 表示换道终止时刻。

假设目标车辆初始状态为在原车道沿 x 方向匀速行驶,横纵向加速度以及横向速度都为 0,即 $x_0=y_0=0$, $v_{x,0}=v_0$, $v_{y,0}=0$, $a_{x,0}=a_{y,0}=0$。目标车辆换道终止后,继续沿目标车道上沿 x 方向匀速行驶,则 $v_{x,f}=v_f$, $v_{y,f}=0$, $a_{x,f}=a_{y,f}=0$。其中 v_0、v_f 在实际换道过程中可由控制器中的数据获得。换道过程中 y 方向的位移,即车道的宽度在实际换道过程中为已知量,此处定义车道宽为 b,即换道的横向位移 $y_f=b$。

通过这些假设分析,换道时间 t_f 和换道纵向距离 x_f 仍未知。许多研究中预先设定 t_f 和 x_f 的值,这样结合上述分析条件可求出换道轨迹函数。而在实际换道过程中,不同换道场景下 t_f 和 x_f 的值相差很大,以固定的 t_f 和 x_f 值计算出的换道轨迹函数不能很好地适应所有换道场景。可将 t_f 和 x_f 作为待求解的自由变量,根据实际换道时的约束条件确定 t_f 和 x_f 的具体值,保证求出的换道轨迹可以适应不同的换道场景。

因为换道轨迹的规划是要解决实际问题而不是单纯的数学问题,所有变量都要受到约束条件的限制。换道过程中纵向速度不能超过最大值,加速度不能超过阈值,此外还要满足换道模型中的安全准则。

在式(8-11)~式(8-13)以及各假设条件和安全准则的约束下,形成以换道时间 t_f 和换道距离 x_f 为自变量的带约束的非线性优化问题。系统可根据不同环境的不同约束条件自动求解出最优的换道时间和换道距离,从而得到该环境下的换道模型,保证换道的安全性、舒适性和快速性。

二、换道轨迹的跟踪控制

换道轨迹的跟踪控制是指车辆沿着规划好的轨迹进入目标车道的过程。车辆的自主换道是横纵向运动协同作用的结果,但为了简化控制策略的复杂程度,通过假设一些条件,忽略横纵向运动的相互影响,将车辆的换道过程分解为横向运动和纵向运动两个独立的过程。也有许多学者直接将其运动过程进行简化,只考虑基于横向运动或纵向运动的控制策略。

基于横向运动的控制方法大致可分为 PID 控制方法、最优控制方法、基于反馈线性控制方法、自适应控制方法、滑模控制方法、预测控制方法、模糊控制方法等。

通过对比,滑模控制方法系统的结构不是固定的,在动态过程中,根据系统当前的状态有目的地持续变化,使系统按照预定的"滑动模态"的状态轨迹运动,具有控制响应快、控制精度高、物理实现简单等优点,因此在车辆横向运动控制中具有很大的优势。

为了实现规划换道轨迹的跟踪,以当前车辆位置和期望位置之间的偏差为输入,基于滑模控制设计轨迹跟踪控制器,如图 8-15 所示,车辆的位置由其重心在地面坐标系的位置和

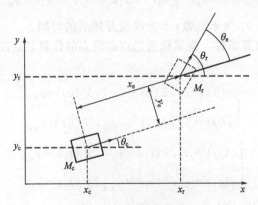

图 8-15 轨迹跟踪偏差

其航向角来表示。

M_c 表示当前位置的目标车辆，M_r 表示期望位置的目标车辆，下标 c 表示目标车辆的实际状态，下标 r 表示目标车辆的期望状态。$p_c = (x_c, y_c, \theta_c)^T$ 表示目标车辆当前实际的纵向位置、横向位置和航向角，$p_r = (x_r, y_r, \theta_r)^T$ 表示目标车辆对应时刻期望的纵向位移、横向位移和航向角。令 $q_c = (v_c, \omega_c)^T$，其中 v_c 和 ω_c 分别为车辆当前实际的速度和横摆角速度，在运动学模型中它们是控制输入。

车辆的运动学方程为

$$\dot{p}_c = \begin{pmatrix} \dot{x}_c \\ \dot{y}_c \\ \dot{\theta}_c \end{pmatrix} = \begin{bmatrix} \cos\theta_c & 0 \\ \sin\theta_c & 0 \\ 0 & 1 \end{bmatrix} q_c = \begin{bmatrix} v_c \cos\theta_c \\ v_c \sin\theta_c \\ \omega_c \end{bmatrix} \tag{8-14}$$

在当前坐标系中，根据坐标变换公式，可以得到目标车辆的位置偏差方程为

$$p_e = \begin{pmatrix} x_e \\ y_e \\ \theta_e \end{pmatrix} = \begin{bmatrix} \cos\theta_c & \sin\theta_c & 0 \\ -\sin\theta_c & \cos\theta_c & 0 \\ 0 & 0 & 1 \end{bmatrix} \begin{pmatrix} x_r - x_c \\ y_r - y_c \\ \theta_r - \theta_c \end{pmatrix} \tag{8-15}$$

位置偏差的微分方程为

$$\dot{p}_e = \begin{pmatrix} \dot{x}_e \\ \dot{y}_e \\ \dot{\theta}_e \end{pmatrix} = \begin{pmatrix} y_e \omega_c - v_c + v_r \cos\theta_e \\ -x_e \omega_c + v_r \sin\theta_e \\ \omega_r - \omega_c \end{pmatrix} \tag{8-16}$$

式中，下标 e 表示当前时刻目标车辆实际位置与期望位置的偏差。

基于反演法设计滑模控制的切换函数为

$$s = \begin{pmatrix} s_1 \\ s_2 \end{pmatrix} = \begin{bmatrix} x_e \\ \theta_e + \arctan(v_r y_e) \end{bmatrix} \tag{8-17}$$

为了满足滑动模态的条件 $s\dot{s} < 0$，选取等速趋近律为

$$\dot{s} = -\boldsymbol{k}\,\text{sgn}(s) \tag{8-18}$$

式中，$\boldsymbol{k}$ 为常数向量；sgn 为符号函数，当 $x > 0$ 时 $\text{sgn}(x) = 1$，当 $x < 0$ 时 $\text{sgn}(x) = -1$，当 $x = 0$ 时 $\text{sgn}(x) = 0$。

在滑模切向函数的控制下，系统在有限时间内达到滑动模态，为减小滑模控制的抖动，可以连续函数取代符号函数，即

$$\dot{s}_i = -k_i \frac{s_i}{|s_i| + \delta_i} \quad i = 1, 2 \tag{8-19}$$

式中，s_i、k_i 为向量 $\boldsymbol{s}$，变量 $\boldsymbol{k}$ 中的变量；δ_i 为调节变量，可使连续函数更接近符号函数。

控制规律为

$$q=\begin{pmatrix}v_c\\\omega_c\end{pmatrix}=\begin{bmatrix}y_e+v_r\cos\theta_e+k_1\dfrac{s_1}{|s_1|+\delta_1}\\[2mm]\dfrac{\omega_r+\dfrac{\partial\alpha}{\partial v_r}\dot{v}_r+\dfrac{\partial\alpha}{\partial y_e}(v_r\sin\theta_e)+k_2\dfrac{s_2}{|s_2|+\delta_2}}{1+\dfrac{\partial\alpha}{\partial y_e}x_e}\end{bmatrix} \quad (8\text{-}20)$$

式中，$\alpha=\arctan(v_r y_e)$；$\dfrac{\partial\alpha}{\partial v_r}=\dfrac{y_e}{1+(v_r y_e)^2}$；$\dfrac{\partial\alpha}{\partial y_e}=\dfrac{v_r}{1+(v_r y_e)^2}$。

三、不同场景下动态换道轨迹仿真

在实际自主换道过程中，目标车辆会遇到各种情况，为了验证所介绍的自主控制策略的正确性和有效性，选取其中具有代表性的换道场景进行轨迹规划的仿真。

(1) 目标车辆的速度低于目标车道的平均车速 当车辆要离开高速公路，换到出口对应车道时，目标车道上车辆的平均速度要低于目标车辆的车速。假设目标车辆的速度为15m/s，目标车道上车辆平均速度为10m/s，目标车辆周围没有其他车辆，表8-1为换道场景1参数。通过仿真可得最优换道轨迹，如图8-16所示。

表 8-1　换道场景 1 参数

目标车辆车速/(m/s)	目标车道平均车速/(m/s)	最大纵向车速/(m/s)	车道宽度/m	最大纵向加速度/(m/s²)	最大横向加速度/(m/s²)
15	10	15	3.75	5	2

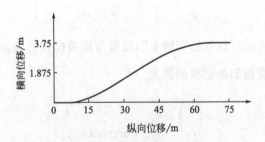

图 8-16　场景 1 的最优换道轨迹

(2) 目标车辆的速度高于目标车道的平均车速 当目标车辆的前导车车速过低，无法满足目标车辆的行驶需求时，目标车辆就会换道至平均车速更高的车道。假设目标车辆的速度为20m/s，目标车道上车辆平均速度为25m/s，目标车辆周围没有其他车辆，表8-2为换道场景2参数。通过仿真可得最优换道轨迹，如图8-17所示。

表 8-2　换道场景 2 参数

目标车辆车速/(m/s)	目标车道平均车速/(m/s)	最大纵向车速/(m/s)	车道宽度/m	最大纵向加速度/(m/s²)	最大横向加速度/(m/s²)
20	25	25	3.75	5	2

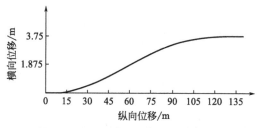

图 8-17　换道场景 2 最优换道轨迹

可以看出,在满足各项约束条件的前提下,该自主控制策略可以规划出一条光滑、连续的换道轨迹。

第九章 智能网联汽车交叉口通行协同控制技术

第一节 概述

智能网联汽车交叉口通行协同控制技术是一种以V2X技术为前提,在智能网联化的交叉口环境下,综合车载传感器获取的车辆行驶状态信息和智能路侧获取的交通流信息,协同控制车辆在交叉口行驶的技术,如图9-1所示。该技术涉及车辆系统动力学、交通规划、数据通信、协同控制等多方面知识,需要在交叉学科的环境下进行研究。与现有交叉口相比,突出特点是交叉口实现网联化。网联化交叉口通行系统控制技术能够较好地提高交通运行的安全性和效率,减少汽车行驶的能耗,是解决城市交通拥堵问题的有效手段之一。

图9-1 网联化交叉口通行协同控制技术

一、交叉口通行现状

交叉口作为城市交通的"咽喉",对城市道路的正常运行起着十分重要的作用。交叉口分为有信号灯控制的交叉口和无信号灯控制的交叉口。车辆按以下规则通行。

(1) 有信号灯控制的交叉口 在划有导向车道的交叉口，按所需行进方向驶入导向车道；在没有方向指示信号灯的交叉口，转弯的机动车让直行的车辆、行人先行，相对方向行驶的右转弯机动车让左转弯车辆先行。

(2) 无信号灯控制的交叉口 有交通标志、标线控制的交叉口，让优先通行的一方先行；没有交通标志、标线控制的交叉口，让右方道路的来车先行；转弯的机动车让直行的车辆先行；相对方向行驶的右转弯的机动车让左转弯的车辆先行。

由于道路设置不同，目前的交叉口有多种形式，常见的交叉口形式有"十"字路口和"丁"字路口，如图9-2所示。

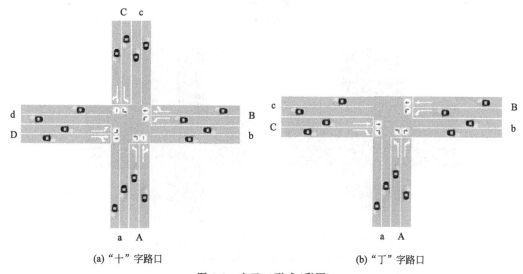

(a)"十"字路口　　　　　　　　　(b)"丁"字路口

图 9-2　交叉口形式（彩图）

交叉口的车道有多种形式，主要考虑的是路口宽度和车流量情况。目前"十"字路口较为常见的车道设置方案如图9-3所示，主要分为以下五种。

① 左转、直行、右转共用一条车道。
② 左转和直行共用一条车道，右转和直行共用一条车道。
③ 左转和直行共用一条车道，直行车道单独设置或不设置，右转车道单独设置（目前应用较少）。
④ 左转车道单独设置，直行车道单独设置或不设置，直行和右转共用一条车道。
⑤ 左转车道单独设置，直行车道单独设置，右转车道单独设置。

"丁"字路口若车道数大于等于两条，则需要单独设置左转和右转车道，否则左转和右转共用一条车道。

随着汽车保有量的逐年上升，交叉口拥堵的现象开始日益严重，城市交通的运行效率和车辆行驶的能耗经济性有所降低，也造成一定的安全隐患，因此需要探索如何减少交叉口拥堵，提高行车效率。

二、交叉口通行效率提升的解决方案

针对交叉口的拥堵现象，需要提出有效的解决方案，缓解交叉口通行压力。目前较为常见的方式是建立立体交叉、改进平面交叉、优化交通配时等。但随着智能网联技术的发展，采用智能路侧装置和及时通信设备的网联化交叉口将成为未来解决交通拥堵问题的主流方式。

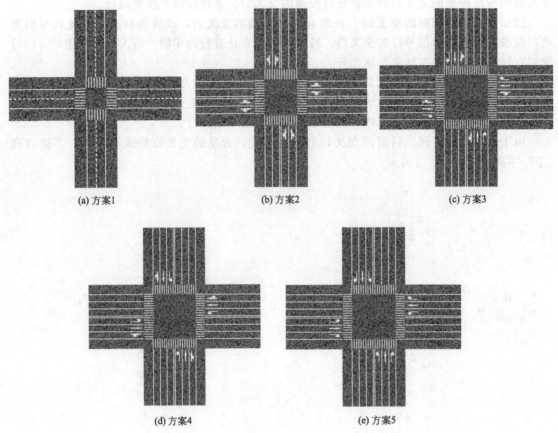

(a) 方案1　　　　　　　(b) 方案2　　　　　　　(c) 方案3

(d) 方案4　　　　　　　(e) 方案5

图 9-3 "十"字路口较为常见的车道设置方案

1. 建立立体交叉

建立立体交叉主要是利用空间上的优势，在道路交汇处采用上下分层或多层道路的形式，将不同方向的车流进行分离，从而实现车辆不停车通过，如图 9-4 所示。该方案优点是能够较好地解决平面交叉的冲突问题，相比红绿灯路口能够减少车辆的等待时间，提高通行效率；缺点是修建工程庞大，费用高昂，占地面积大，增加通行的复杂程度，行人和非机动车出行不便等。

图 9-4 建立立体交叉

2. 改进平面交叉

改进平面交叉是目前城市道路中缓解交叉口通行压力的主要解决方案，目前常见的有设置待行区、拓宽出口道、设置右转专用道、设置可变车道等。

设置待行区主要适合于大型路口，其充分利用路口的停车资源，使下一个绿灯相位需要通过的车辆提前进入路口等待，如图9-5所示。该方案能够增加每个绿灯周期通过路口的车辆数量，提高交叉口的通行效率，但是与此同时，也存在较多的局限性，如所需交叉口面积大、不适合单向小于三车道的路口等。

图 9-5　设置待行区

拓宽出口道主要是在路口增加驶出车辆的车道数，减少每个车道的排队车辆数量，而驶入路口的车辆由于方向相同，可以尽可能地减少车道数，如图9-6所示。该方案可以提高绿灯周期的车辆通过率，但也存在所需交叉口面积大的局限性，因此较为适合不同方向行驶的车道间有较大隔离花坛的情况。

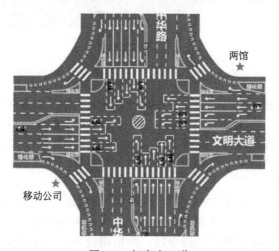

图 9-6　拓宽出口道

设置右转专用道主要是将右转车流提前分离，减少路口的等待时间，目前较多适用于未设置右转专用信号灯的路口，如图9-7所示。该方案可以部分解决交叉口拥堵问题，增加其他方向行驶的车道数量，但是存在路口指示不明确、驾驶员容易开错车道等缺点。

图9-7 设置右转专用道

设置可变车道主要是根据不同时间段的交通流方向情况，对车道的导向方向进行改变。可变车道经常设置在左转车道和直行车道中间，合理分配左转车道和直行车道数量，如图9-8所示。该方案根据交通流数据，实现不同时间段的通行效率最大化，但也需要较大的路口空间。

图9-8 设置可变车道

3. 优化交通配时

优化交通配时主要是利用先进的控制算法，对交通流情况进行预测，从而实现交通信号的实时或阶段性的调整，如图9-9所示。该方案能够较好地结合路口实时数据，实现路口的动态控制，提高路口的通行效率，但是需要对数据进行大量的采集，预测过程存在延迟和偏差。

4. 网联化交叉口设计

网联化交叉口设计主要基于V2X技术，采用智能网联的思想，在车与路侧之间建立起实时短距离通信。路侧设备实时获取各向车流的数据，并对数据进行分析，集中对车辆的行驶进行优化控制，车辆在收到路侧的指令后，做出相应的加减速或变道的动作，实现不停车或少停车的情况下通过多个路口，如图9-10所示。该方案的优点是对交叉口的控制较为准确，可以合理地授予交叉口通行的路权，通行效率大大提高，但是也存在对路侧装置和车辆传感器的要求较高、路口智能化网联化要求高等局限性，目前仍处于研究阶段。

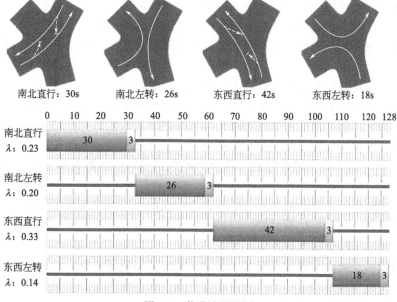

图 9-9 优化交通配时

图 9-10 网联化交叉口

三、智能网联汽车交叉口通行协同控制系统的组成

智能网联汽车交叉口通行协同控制系统主要由信息采集单元、信息交互单元、路侧控制单元、车辆控制单元和车辆执行单元组成,如图 9-11 所示。在系统工作期间,车辆的自动

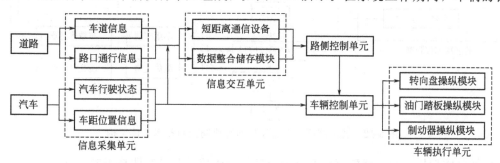

图 9-11 智能网联汽车交叉口通行协同控制系统组成

紧急制动系统将同时开启，车辆控制单元需要在第一时间接收到车距信息，并做出是否紧急刹车的判断，防止由于信号传递不稳定或数据包丢失造成的交叉口事故。

(1) 信息采集单元　信息采集单元主要用于道路信息、车辆自身行驶信息和车距信息的采集。其中车道信息包括车道宽度、分布情况等，可以通过预设的数据直接与路侧控制单元交互。道路通行信息包括有无信号灯控制、信号灯相位时间、当前所在相位信号灯类型、车辆通行效率等，这些数据都要实时采集。此外，当前车辆的行驶速度、当前车辆的前后车距信息等也需要实时采集。这些数据将通过高速无线网络进入信息交互单元。

(2) 信息交互单元　信息交互单元主要用于对信息进行处理和储存等，需要用到短距离通信技术（如DSRC），由于接收信息采集单元的数据量较大，因此需要对无关数据进行剔除，转换并压缩数据，传递给路侧控制单元。

(3) 路侧控制单元　路侧控制单元是一个集中式的控制器，其运用预先设定的算法对来自信息交互单元的数据进行计算处理，以提高交叉口通行效率和降低车辆能耗，最终将计算完成的车辆控制方法传递给车辆控制单元。

(4) 车辆控制单元　车辆控制单元一方面接收来自路侧控制单元的信息，控制车辆执行单元；另一方面直接接收来自信息采集单元的车辆行驶和车距信息，避免由于信息传递错误或延时造成车辆追尾事故，提高通行的安全性。

(5) 车辆执行单元　车辆执行单元主要包括转向盘操纵模块、油门踏板操纵模块和制动器操纵模块，目的是实现汽车的横纵向控制。

四、智能网联汽车交叉口通行协同控制的技术原理

智能网联汽车交叉口通行协同控制技术主要包括智能路侧控制器的集中式控制、车载控制器的分布式控制以及协同对车辆动力学的控制。假设 N 个智能网联汽车通过交叉口，其总体架构如图 9-12 所示。

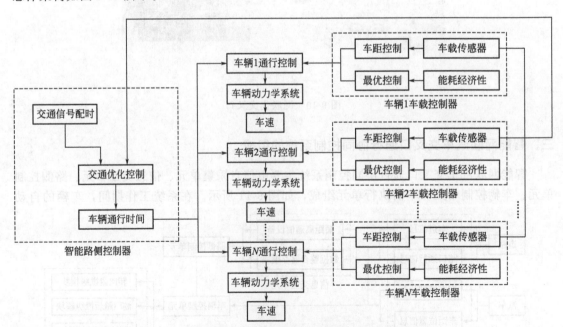

图 9-12　智能网联汽车交叉口通行协同控制技术总体架构

根据总体架构可知，智能路侧通过设定好的交通信号配时和即将需要通过交叉口的车辆

位置、速度信号，根据交通优化控制方式，对车辆通过时间进行集中控制，并转化为车辆的通行控制；车载传感器实时检测车距，对车辆通行进行控制并将数据实时传递给智能路侧；根据电动机的能耗经济性，采取最优控制方式，对车辆通行进行控制。

第二节　交叉口通行协同控制方法

网联化交叉口实现智能化路侧装置与一定范围内行驶汽车的实时通信，交叉口的通行控制变得更加多样化，以协同理论为基础发展的协同控制方法将成为未来交叉口通行控制的趋势。在网联化交叉口通行协同控制方法中，根据路口的通行特点，主要可分为有信号灯控制的交叉口通行和无信号灯控制的交叉口通行。

一、协同理论

协同理论（Synergetics）亦称"协同学"或"协和学"，是 20 世纪 70 年代以来在多学科研究基础上逐渐形成和发展起来的一门新兴学科，是系统科学的重要分支理论。协同理论主要研究不同事物的共同特征及其协同机理，是近十几年来获得发展并被广泛应用的综合性学科。

协同理论认为，千差万别的系统，尽管其属性不同，但在整个环境中，各个系统间存在着相互影响而又相互合作的关系。因此，系统能否发挥协同效应是由系统内部各子系统或组分的协同作用决定的，协同得好，系统的整体性功能就好。

网联化交叉口通行控制需要考虑到各方面的因素，涉及多学科的知识，体现出协同理论在系统控制中的重要性。在控制过程中，只有综合利用各学科知识，协同各个系统的工作，才能实现通行效率的最高化和能耗的最优化。

二、有信号灯控制的交叉口通行

车辆在有信号灯控制的交叉口通行需要遵守信号灯规则，通行较为有序，可较好地解决交通冲突。但是路口的通行情况需要在车辆接近交叉口时才能获知，判断过迟会导致交叉口经常出现车辆猛加速、紧急刹车等现象，导致车辆在交叉口的行驶安全性下降，行驶能耗升高。采用 V2I 技术的信号灯控制的交叉口可以较早地判断车辆在交叉口的通行情况，实现车辆在一定限速范围内不停车通过路口或平稳减速刹停。有信号控制的交叉口通行主要可以分为交叉口集中式协同控制和车辆分布式协同控制。

1. 交叉口集中式协同控制

在信号灯控制的交叉口，集中式协同控制方法主要集中在基于 V2I 技术的交通信号优化控制。交通信号优化控制方法通过路侧智能装置与一定范围内行驶车辆的通信来获取交叉口车辆的行驶信息，对交通信号配时和相位进行实时优化及调整，以达到降低路口延误、车辆排队长度、停车次数或行驶能耗的目的。交通信号优化控制方法可分为基于经验公式的配时优化方法、基于车群通行的配时优化方法、基于优化模型的配时优化方法和基于人工智能的配时优化方法。

（1）**基于经验公式的配时优化方法**　基于经验公式的配时优化方法主要是利用经验公式对宏观的交通数据（如交通流量、信号配时）等进行分析和计算，实现最小的交通延误。

目前，韦伯斯特（Webster）公式在配时优化计算中应用较为广泛，它是以车辆延误时间最小为目标来计算交通信号配时，其核心内容是计算最佳周期长度，即

$$C = \frac{1.5L+5}{1-Y} \tag{9-1}$$

式中，C 为最佳周期长度；L 为每个周期总损失时间；Y 为交叉口交通流量比。

每个周期总损失时间为

$$L = nl + \mathrm{AR} \tag{9-2}$$

式中，n 为信号的相位数；l 为每个相位信号绿灯和黄灯的损失时间；AR 为每个周期中的红灯时间。

交叉口交通流量比为

$$Y = \sum_{i=1}^{n} y_i \tag{9-3}$$

式中，y_i 为各相信号临界车道的交通流量比。

临界车道指的是每个信号相位上，交通量最大的那条车道。临界车道的交通流比等于该车道的交通流量与饱和交通流量之比。

由于经验公式计算存在偏差，通过现场试验调查后发现，韦伯斯特公式计算的结果通常比实际需要使用的周期长，因此可以根据实际情况进行调整。

目前，随着V2X技术的发展，交叉口的宏观交通数据获取变得更加便捷和准确，也提高了利用经验公式计算优化配时的精度，因此韦伯斯特方程对交通配时的优化性能有所提高，也出现了多种变体，其中一种形式为

$$C = \frac{1.5T+5}{1-\sum_n \dfrac{D_n}{L_n}} \tag{9-4}$$

式中，T 为每周期绿灯损失时间总和；D_n 为交通相位 n 的交通流密度；L_n 为交通相位 n 的排队长度。

各交通相位 i 的绿灯时长为

$$G_i = \left(1 - \frac{\dfrac{D_i}{L_i}}{\sum_n \dfrac{D_n}{L_n}}\right) C \tag{9-5}$$

式中，G_i 为交通相位 i 的绿灯时长；D_i 为交通相位 i 的交通流密度；L_i 为交通相位 i 的排队长度。

(2) 基于车群通行的配时优化方法 基于车群通行的配时优化方法是指将不同交通流向的车辆聚类为车群，再根据车群的行驶信息计算车群在交叉口通行所需的绿灯时间。交叉口车群的聚类方式主要有不同行驶方向的车辆聚类、排队或即将排队的车辆聚类、路口不同距离的车辆聚类等。

在车辆聚类的过程中，传统的方式是采用地感线圈对驶过的车辆进行计数，其安装原理如图9-13所示，计数的结果在时间上存在滞后性。但是，随着V2I技术的发展，可以采用无线通信的方式提高聚类过程的实时性和准确性。

当按照不同行驶方向的车辆进行聚类时，采用地感线圈的方式需要在对应相位的绿灯时间结束后完成，再通过交通信号控制器计算车群通过交叉口的时间，并将此时间分配给下一周期的绿灯相位；采用V2I技术则可以实时判断当前相位每辆车的通行情况，并实时改变绿灯相位。

当按照排队或即将排队的车辆进行聚类时，主要采用车队消散时间来估计交叉口的周期

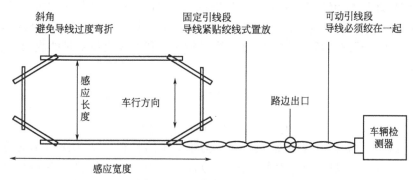

图 9-13 地感线圈安装原理

和绿信比，从而调整交通相位。

当按照与路口不同距离的车辆进行聚类时，主要通过虚拟计算车辆通过路口的时刻从而确定绿灯相位是否结束。

(3) 基于优化模型的配时优化方法　基于优化模型的配时优化方法需要给定状态变量（如交叉口排队长度）和环境输入（如到达车辆的初始状态），并设置反应交叉口效率或能耗经济型的目标函数，在状态方程约束、终端约束、控制变量约束、可行状态空间约束等条件下构建最优控制问题，优化得到控制变量（如相序或绿灯时间）的结果，其一般表达形式为

$$\min_{u(k)} J = f[x(K)] + \sum_{k=1}^{K} g[x(k),u(k),d(k)] \tag{9-6}$$

约束条件为

$$x(1) = x_0 \tag{9-7}$$

$$x(k+1) = h[x(k),u(k),d(k)] \quad k=1,2\cdots K \tag{9-8}$$

$$u_{\min} \leqslant u(k) \leqslant u_{\max} \quad k=1,2\cdots K \tag{9-9}$$

$$\varphi[x(k),u(k),d(k)] \in \Omega \quad k=1,2\cdots K \tag{9-10}$$

式中，J 为交通信号优化的损失函数；$x(k)$ 为第 k 个控制步长的预测状态；$u(k)$ 为第 k 个控制步长的控制变量；$d(k)$ 为第 k 个控制步长的环境输入；K 为总的控制步长；x_0 为初始的交叉口状态；$u_{\min}$ 为控制变量的下界；$u_{\max}$ 为控制变量的上界；Ω 为状态、控制变量和环境输入空间的可行域；$f[x(K)]$ 为终端型损失项的函数；$g[x(k),u(k),d(k)]$ 为积分型损失项的函数；$h[x(k),u(k),d(k)]$ 为状态转移函数；$\varphi[x(k),u(k),d(k)]$ 为状态、控制变量和环境输入的函数。

式(9-7) 表示优化模型的初始状态；式(9-8) 表示描述状态变化的预测方程；式(9-9) 表示控制变量的框式约束；式(9-10) 表示状态、控制变量和环境输入的可行空间约束。

在基于优化模型的配时优化方法中，目标函数可以选取交通延误、排队长度、停车次数和车辆能耗等，状态预测方程可以选取仿真预测和模型预测等。其中仿真预测可以采用 VISSIM 等交通仿真软件进行预测，模型预测可以采用迭代模型、队列消散模型、车辆运动学模型等进行预测。

(4) 基于人工智能的配时优化方法　随着人工智能的发展和多领域应用，增强学习、人工神经网络等方法也开始逐渐应用于交通信号的配时优化，该方法也需要通过 V2I 技术获取交通数据后进行。

增强学习的方法可以通过构建自适应交通信号控制器实现交通信号的优化配时。将状态变量 j 定义为所有车辆与交叉路口的距离、速度和等待时间，将决策变量 s 定义为不同交通

相位对应的信号灯是否为绿灯,将采取某种决策后通过时间的降低作为回报函数,并采用无限折扣模型构建价值函数,形成一个有限状态马尔科夫决策过程(Finite Markov Decision Process,FMDP),最终对所构造的FMDP通过策略迭代实现决策变量的收敛,获得最优的交通配时和相位。

$$g[s(t),j(t)] = \sum_{n=1}^{N}[x_n(t+1) - x_n(t)] \tag{9-11}$$

$$J[j(t)] = g[s(t),j(t)] + \beta J[j(t+1)] \tag{9-12}$$

式中,$s(t)$ 为第 t 步采取的决策;$j(t)$ 为第 t 步的状态;N 为路口车辆总数;$x_n(t)$ 为第 t 步第 n 个车辆的路口通过时间;$g[s(t),j(t)]$ 为第 t 步的状态为 $j(t)$ 时采取决策 $s(t)$ 所获得的回报函数;$J[j(t)]$ 为第 t 步状态为 $j(t)$ 时的价值函数。

人工神经网络方法可以采用神经网络模型和模糊决策系统构建交叉口交通信号的自适应优化控制。该方法主要将信号控制策略的执行过程分为离线阶段和在线阶段。对于离线阶段,通过采集交叉路口历史数据可以构建动态交通流OD(Origin Destination)模型,并基于此模型采用自组织映射(Self Organizing Maps,SOM)神经网络对交通流进行聚类和训练,将数据模式映射到模糊系统的输入空间,建立交通模式-最优信号配时的模糊决策系统;对于在线阶段,则需要实时采集交通信息并估计交通流OD矩阵,通过已构建的模糊决策系统求解最优配时方案。

2. 车辆分布式协同控制

车辆分布式协同控制主要通过V2I方式接收交通信号信息和交叉口交通信息,以车辆能耗经济性和通行效率为目标,在交通约束条件下,优化车辆的速度轨迹或动力系统输出。

车辆分布式协同控制按照决策方式的不同可分为基于规则的车辆控制方法和基于优化的车辆控制方法。

(1) 基于规则的车辆控制方法 基于规则的信号交叉路口智能网联汽车控制方法是指以交通信号为输入,采用预定规则计算车辆通过一个或多个路口不遇到红灯停车的车速。此方法由于减少了车辆的停车急速和加减速,在一定程度上可减少行驶能耗,提升车辆行驶的经济性。目前常用的车辆控制模型有匀速、匀加速-匀速、变加速等。

匀速车辆控制模型首先需要计算车辆从初始点在绿灯开始时刻和绿灯结束时刻到达交叉口停止线的平均车速,然后将这两个车速组成的区间作为通过交叉口速度的可行区间,再将通过多个交叉口的速度可行区间相交,得到连续通过多个交叉口的速度可行区间,最终将此区间的中点速度作为经济车速,如图9-14所示。图9-14中,横坐标表示时间,纵坐标表示位置;d_i 为车辆与第 i($i=1$、2)个交通信号灯的距离;g_i 为第 i 个交通信号灯的绿灯开始时刻;r_i 为第 i 个交通信号灯的绿灯结束时刻;$v_{\min_i}$ 和 $v_{\max_i}$ 分别表示通过第 i 个交叉口的最小速度和最大速度,由匀速车辆模型计算得到;v_{target} 为通过连续交叉口的经济车速。

匀加速-匀速车辆控制模型考虑车辆驶向路口时以当前速度行驶无法在绿灯时间内通过路口而需要减速的场景,设定车辆通过路口的时间为交通信号灯下一个绿灯相位开始时刻,在此终端时刻的约束下,比较不同加速度的车辆速度曲线的油耗得到最优的加速度和终端速度。如图9-15所示为匀加速-匀速车辆控制模型。图9-15中 T_i 为第 i 个速度轨迹,其中 T_1 为采用最大减速度的速度轨迹;T_n 为采用最小减速度的速度轨迹;v_i 表示第 i 条轨迹的终端速度;a_i 表示第 i 条轨迹的减速度;t_t 表示车辆到达路口的时间。通过比较不同速度轨迹的油耗,可得到经济的车速轨迹。

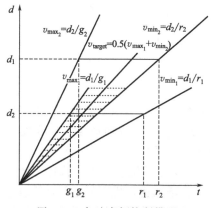
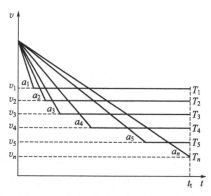

图 9-14 匀速车辆控制模型　　　　图 9-15 匀加速-匀速车辆控制模型

变加速车辆控制模型是在匀速车辆控制模型的基础上发展形成的，其需要根据匀速车辆控制模型确定单个路口车辆行驶的可行速度区间，而后将平均车速设置为可行速度区间的上界，最后在此平均车速的约束下采用三角函数拟合从初速度的加速/减速至目标车速的加速/减速过程，并最终得到目标车速。

此外，还可以采用遗传算法或者动态规划等智能控制方法得到目标车速。

(2) 基于优化的车辆控制方法　基于优化的车辆控制方法主要考虑车辆动力学模型和若干约束条件，以能耗经济性为目标构造优化模型，运用适当的求解算法得到车辆最优经济车速轨迹。

基于优化的车辆控制方法的一般表达形式为

$$\min_u J = f[x(t_f),t_f] + \int_{t_0}^{t_f} g[x(t),u(t)]dt \tag{9-13}$$

约束条件为

$$\dot{x}(t) = h[x(t),u(t)] \tag{9-14}$$

$$x(t_0) = x_0 \tag{9-15}$$

$$u_{\min} \leqslant u(t) \leqslant u_{\max} \tag{9-16}$$

$$t \in G_i, \text{ if } x(t) = d_i \tag{9-17}$$

式中，u 为控制变量，可为期望加速度或车辆动力系统输出等；x 为车辆状态，可为车辆位移、速度或加速度；t_0 为初始时刻；t_f 为终端时刻；$f(\cdot)$ 为终端状态的损失函数；$g(\cdot)$ 为积分项损失函数的被积函数，一般为能耗率对车辆状态、控制变量的函数；$h(\cdot)$ 为状态转移函数；x_0 为车辆初始状态；$u_{\min}$ 为约束的下界；$u_{\max}$ 为约束的上界；G_i 为第 i 个交叉口的绿灯相位时间区间；d_i 为第 i 个交叉口的位置。

式(9-13)表示经济车速优化的损失函数，其包含终端状态损失函数和积分项损失函数；式(9-14)表示车辆动力学模型；式(9-15)表示车辆初始状态约束；式(9-16)表示车辆控制变量的框式约束；式(9-17)表示车辆须在绿灯相位时间内通过交叉口。

对于优化控制的目标函数 J，通常需要实现车辆通过交叉口的速度波动最小，从而提高能耗的经济性，因此损失函数通常考虑车辆通过路口的能耗模型。

在燃油汽车中，车辆能耗即为燃油消耗率，通常为车辆速度、加速度组成的多项式，典型的综合油耗模型为

$$R_T = b_1 + b_2 v^2 + ma + a_s mg \tag{9-18}$$

$$F=\begin{cases} \alpha & \text{若}\ a<\dfrac{-b_1-b_2v^2-a_{\mathrm{s}}mg}{m} \\ \alpha+\beta_1vR_{\mathrm{T}} & \text{若}\ \dfrac{-b_1-b_2v^2-a_{\mathrm{s}}mg}{m}\leqslant a<0 \\ \alpha+\beta_1vR_{\mathrm{T}}+\beta_2ma^2v & \text{若}\ a>0 \end{cases} \quad (9\text{-}19)$$

式中，R_{T} 为车辆行驶阻力；b_1 为轮胎滚动阻力系数；b_2 为风阻系数；v 为车辆行驶速度；m 为车辆重量；a 为车辆加速度；α_{s} 为道路坡度；g 为重力加速度；F 为发动机燃油消耗率；α 为发动机怠速燃油消耗率；β_1、β_2 为油耗模型系数。

油耗模型也可以通过发动机油耗 MAP 图和车辆动力学系统模型进行构造。此方法相较于车辆速度、加速度的多项式油耗模型更加精确，但也增加优化模型的求解计算复杂度。

在纯电动汽车中，需要构建纯电动汽车的电动机功率积分形式的能耗模型。对于混合动力汽车，需要构建反映车辆发动机和电动机能耗的等效油耗模型，典型形式为

$$\dot{m}_{\mathrm{eqv}}=\dot{m}_{\mathrm{f}}+e\dfrac{P_{\mathrm{m}}}{Q_{\mathrm{L}}} \quad (9\text{-}20)$$

式中，$\dot{m}_{\mathrm{eqv}}$ 为混合动力汽车等效燃油消耗率；$\dot{m}_{\mathrm{f}}$ 为发动机燃油消耗率；e 为当量因子；P_{m} 为电动机功率；Q_{L} 为燃油热值。

此外，还可以采用离散的形式表示目标函数，如在终端状态的损失函数中考虑车辆通过交叉口的总时间，则在积分项的损失函数中考虑车辆的加速度和通过交叉口的概率。

三、无信号灯控制的交叉口通行

车辆在无信号灯控制的交叉口通行不再受信号灯的约束，主要依靠到达顺序和路权的优先级决定通行的先后顺序。这种情况可以较好地利用交叉口的通行时间，避免在有信号灯控制的情况下发生部分绿灯相位无车通行的现象。但是，由于不同驾驶员对于交通规则的熟悉程度和理解方式不同，较容易出现交通冲突，从而引发事故，降低行车的安全性。因此，在无信号灯控制的交叉口应用 V2I 技术，可以较好地分配路权，减少交叉口的交通冲突，使行车过程更加平稳，降低车辆能耗。无信号控制的交叉口通行主要分为交叉口预约式协同控制、交叉口集中式协同控制和车辆分布式协同控制。

1. 交叉口预约式协同控制

交叉口预约式协同控制主要通过车辆的路权申请和路侧装置的申请反馈实现。在该方法中，驶向交叉口的车辆智能体（智能网联汽车、无人驾驶汽车）向位于路侧的交通管理智能体申请一定的时间和空间资源通过交叉口，而路侧的交通管理智能体则根据车辆智能体的优先情况和交叉路口车辆轨迹的冲突情况确认或拒绝车辆智能体的申请，若车辆申请被拒绝，则车辆重新规划自身运动轨迹或根据给出的等待时间进行停车等待，如图 9-16 所示。交叉口预约式协同控制方法的核心在于交叉口管理策略以及车辆智能体的轨迹规划方法。

(1) 交叉口管理策略 交叉口管理的基本策略是先到先服务策略。此策略允许先到达交叉口的车辆优先申请其通过路口的时间和空间，而对于后到达交叉口的车辆，交通管理智能体根据交叉口的冲突关系选择拒绝或确认其申请请求。交叉口冲突关系的确定如图 9-17 所示。首先将交叉口划分为网格，交通管理智能体会根据车辆的运动学关系预测未来预测时域内网格的占据情况，若存在网格被多个车辆同时占用，则优先权低的车辆申请失败；若网格均未被多个车辆同时占用，则优先权低的车辆申请成功。

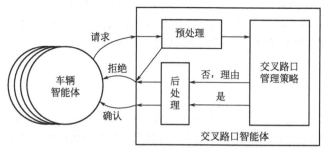

图 9-16 交叉口预约式协同控制流程

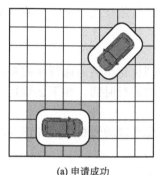
(a) 申请成功

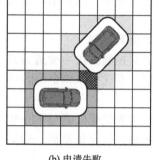
(b) 申请失败

图 9-17 交叉口冲突关系的确定

此外，还需要考虑执行紧急任务车辆的通行优先权，以及车速过快而无法刹停的车辆的处置办法。

（2）车辆智能体轨迹规划 当车辆智能体通行申请被接受时，车辆可以按照当前速度继续行驶或根据智能路侧的要求车速和加速度进行调整；而当车辆申请被拒绝时，需要采取较低的速度匀速行驶、缓慢减速至刹停和再次申请通过。

2. 交叉口集中式协同控制

交叉口集中式协同控制主要通过集中获取距离交叉口一定范围内车辆的行驶数据，对车辆的行驶情况进行统筹兼顾，完成信息处理后向每辆车发送行驶信息，减少交叉口的通行冲突，但计算负荷较大，对设备要求较高。该方法通常采用一个统一的优化模型同时优化车辆的通行序列和运动轨迹。

在优化模型中，目标函数通常采用通行效率、速度波动率、燃料消耗量、碰撞风险值等，也有采用最小化冲突车辆通过路口的时间-位移轨迹的重叠区域，如图 9-18 所示。图 9-18 中 $x_i(t)$、$x_j(t)$ 分别为第 i 个和第 j 个车辆的位移-时间轨迹；$t_i(d_1)$、$t_j(d_1)$ 分别为两

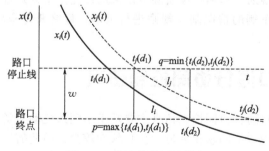

图 9-18 轨迹重叠区域示意

车辆通过交叉口停止线的时间；$t_i(d_2)$、$t_j(d_2)$ 分别为两车辆完全通过交叉口的时间；l_i、l_j 分别为重叠区域的两车轨迹长度；w 为交叉口的宽度；p 为两车轨迹在交叉口重叠区域的起始时间；q 为两车轨迹在交叉口重叠区域的终止时间。

重叠的轨迹长度为

$$l_i = \int_p^q \sqrt{[1 + x'_i(t)^2]} \, dt \tag{9-21}$$

式中，l_i 为重叠的轨迹长度；$x'_i(t)$ 为位移时间曲线对时间的导数。

该方法中，交叉口的碰撞安全性通过最小化目标函数得到保证。而在约束条件中，其考虑加速度约束、速度约束以及跟车车头时距约束，最终构建优化模型对各车加速度轨迹进行优化。

在不同的优化模型中，约束条件还可以采用交叉口的碰撞安全性、冲突车辆之间的距离范围等。

3. 车辆分布式协同控制

车辆分布式协同控制方法主要通过两层规划分别优化车辆的通行序列和运动轨迹，在上层考虑车辆的冲突关系优化车辆的通行序列和车辆的通行时间，在下层规划中优化车辆的速度轨迹。

(1) 车辆通行序列优化 通过构造优化模型优化车辆的通行序列和通行时间，以实现交叉口高效通行的效果。优化模型的一般表达形式为

$$\min_{t_i} J = f(t_i, x_i) \tag{9-22}$$

约束条件为

$$h(x_i, t_i) = 0 \tag{9-23}$$

$$x_i(t_0) = x_{i,0} \tag{9-24}$$

$$g(t_i, t_j) \geqslant 0 \tag{9-25}$$

式中，J 为优化目标；t_i 为第 i 个车辆到达交叉口的行驶时间；x_i 为第 i 个车辆的状态；$x_{i,0}$ 为第 i 个车辆的初始状态；t_0 为初始时刻；$f(\cdot)$ 为优化目标对行驶时间和车辆状态的函数；$h(\cdot)$ 为状态约束的函数；$g(\cdot)$ 为车辆之间避免碰撞的约束函数。

式(9-22)为优化模型损失函数；式(9-23)为优化模型的状态约束；式(9-24)为初始状态约束；式(9-25)为车辆避免碰撞约束，包括同车道车辆追尾避撞和不同行驶方向车辆轨迹交叉避撞两类。

在优化模型中，损失函数常采用所有车辆通过路口的总行驶时间、交叉口服务所有车辆的最大时间、所有车辆停车的等待时间等。碰撞约束常采用不同车辆在交叉口行驶时间段没有交集、到达路口的时间差大于安全车头时距等。在计算过程中，可以采用分支定界算法、蚁群优化算法等求解。

(2) 车辆行驶轨迹规划 车辆行驶轨迹可以采用最优控制方式进行求解，也可针对通过路口的车队头车和跟驰车辆的情况基于规则进行求解，最终获得车辆通过路口的期望车速轨迹。

第三节 交叉口通行协同控制仿真

智能网联汽车交叉口通行协同控制仿真主要基于车辆系统动力学模型和交叉口通行模型建立。由于目前能够实现智能网联化环境的仿真软件较少，因此需要采用多软件进行联合仿真。其中车辆系统动力学仿真主要采用 CarSim 和 AMEsim 软件，交叉口通行仿真主要采用

VISSIM 交通仿真软件和 PreScan 自动驾驶仿真软件。所有软件都可以和 Matlab/Simulink 进行交互，实现联合仿真。

一、车辆系统动力学仿真

车辆系统动力学仿真主要针对汽车行驶的横向动力学和纵向动力学。利用 CarSim 软件可以较好地建立汽车的动力学模型，根据不同的道路情况和输入设置，实现动画和曲线形式的仿真结果分析。在 CarSim 软件中，汽车动力学模型默认为发动机动力输出控制，因此更加适合燃油汽车的仿真，若需要对动力输出形式进行修改，如采用电动机驱动，则需要切断其动力控制，改为外部转矩的直接输入，如图 9-19 所示为基于 CarSim 的分布式外部信号驱动的动力传递路线。

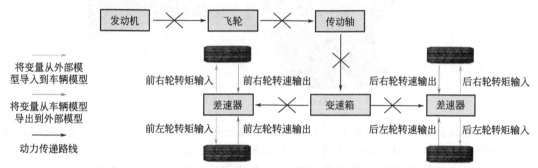

图 9-19 基于 CarSim 的分布式外部信号驱动的动力传递路线（彩图）

AMEsim 软件是一个多学科领域复杂系统建模仿真平台。该软件所包含的汽车动力学模块可以较为系统地进行车辆运动仿真。采用 AMEsim 建立的电动汽车驱动模型示例如图 9-20 所示。

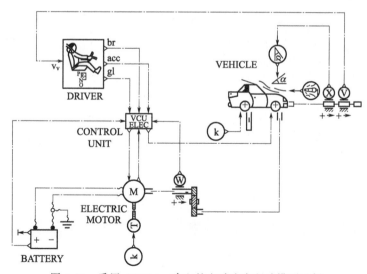

图 9-20 采用 AMEsim 建立的电动汽车驱动模型示例

二、交叉口通行仿真

交叉口通行仿真主要需要根据交通规则和车辆通行顺序进行构建。目前较为常用的交通仿真软件为 VISSIM，该软件是一种微观的、基于时间间隔和驾驶行为的仿真建模工具，用以城市交通和公共交通运行的交通建模。它可以分析各种交通条件下（如车道设置、交通构成、交通信号、公交站点等）城市交通和公共交通的运行状况，是评价交通工程设计和城市规划方案的有效工具。该软件可以以外部导入背景图片为基础，构建交通场景，基于 VISSIM 的交叉口仿真示例如图 9-21 所示。

图 9-21　基于 VISSIM 的交叉口仿真示例

目前，随着自动驾驶研究的不断深入，也出现一些自动驾驶仿真软件，如 PreScan 软件，该软件是一款基于 Matlab 仿真平台，主要用于汽车先进驾驶辅助系统（ADAS）和无人自动驾驶系统的仿真模拟，包括多种基于毫米波雷达、激光雷达、摄像头、GPS、V2V 和 V2I 车辆/车路通信技术的智能驾驶应用。

参 考 文 献

[1] 崔胜民.智能网联汽车新技术 [M].北京：化学工业出版社，2016.
[2] 朱磊.汽车偏离预警及车道保持算法研究 [D].哈尔滨：哈尔滨工业大学，2018.
[3] 张丽.纯电动汽车全速自适应巡航控制系统的研究 [D].哈尔滨：哈尔滨工业大学，2017.
[4] 李克强，戴一凡，李升波等.智能网联汽车（ICV）技术的发展现状及趋势 [J].汽车安全与节能学报，2017（1）.
[5] 王建强，王昕.智能网联汽车体系结构与关键技术 [J].长安大学学报：社会科学版，2017（6）.
[6] 赵静.V2X 技术现状及展望 [J].广东通信技术，2018（01）.
[7] Azim Eskandarian，李克强.智能车辆手册 [M].北京：机械工业出版社，2017.
[8] 杨凯和.基于毫米波雷达的汽车主动防撞预警系统信号分析与处理 [D].长春：吉林大学，2011.
[9] 顾彦阳.电动汽车纵向碰撞预警与自动紧急制动控制器研究 [D].北京：北京交通大学，2018.
[10] 王婷婷.基于 DSRC 和 DGPS 的纵向碰撞预警系统的设计和实现 [D].重庆：重庆大学，2017.
[11] 肖迪.汽车纵向防撞预警控制系统建模与仿真研究 [D].长沙：湖南大学，2014.
[12] 任星博.智能汽车毫米波雷达信号处理系统的设计与实现 [D].哈尔滨：哈尔滨工业大学，2017.
[13] 李守晓，毕欣，曹云侠.毫米波雷达的汽车盲点检测系统研究与设计 [J].机械设计与制造，2013（9）.
[14] 陈琛，赵婷，李林青等.基于红外技术的后视镜盲区提示系统设计 [J].电子设计工程，2013，21（13）.
[15] 韩飞.虚拟环境下基于视觉传感的汽车换道辅助系统研究 [D].长春：吉林大学，2014.
[16] 贺咸阳.基于单目视觉的车辆盲区监测方法研究 [D].西安：西安理工大学，2009.
[17] 初亮，李天骄，孙成伟.纯电动车自适应巡航纵向控制方法研究 [J].汽车工程，2018（3）.
[18] 马国成.车辆自适应巡航跟随控制技术研究 [D].北京：北京理工大学，2014.
[19] 张振军.纯电动汽车自适应巡航控制系统控制策略研究 [D].长春：吉林大学，2013.
[20] 赵立娜.电动车自适应巡航控制方法研究 [D].哈尔滨：哈尔滨工业大学，2017.
[21] 丁婉婷.智能网联汽车高速公路自主性换道决策模型研究 [D].南京：东南大学，2017.
[22] 谢晏.换车道模型研究 [J].知识经济，2010（17）.
[23] 陆建，李英帅.车辆换道行为建模的回顾与展望 [J].交通运输系统工程与信息，2017，17（4）.
[24] 向勇，罗禹贡，曹坤等.基于车-车通信的自动换道控制 [J].公路交通科技，2016，33（3）.
[25] 朱愿.基于视觉和雷达的智能车辆自主换道决策机制与控制研究 [D].北京：中国人民解放军军事医学科学院，2014.
[26] 任殿波，张继业，张京明等.智能车辆弯路换道轨迹规划与横摆率跟踪控制 [J].中国科学：技术科学，2011，41（3）.
[27] 聂建强.高速公路车辆自主性换道行为建模研究 [D].南京：东南大学，2017.
[28] 汪选要.横向辅助驾驶及人机共驾控制策略的研究 [D].合肥：合肥工业大学，2017.
[29] 黄杨成.基于电动助力转向系统的车道偏离辅助系统的研究 [D].合肥：合肥工业大学，2017.
[30] 吴超仲.基于磁道钉导航的车道保持系统信息融合与控制技术研究 [D].武汉：武汉理工大学，2002.
[31] 贺勇.基于高精细地图的 GPS 导航方法研究 [D].上海：上海交通大学，2015.
[32] 王庆贺.车道偏离预警系统决策算法及性能测试方法研究 [D].长春：吉林大学，2011.

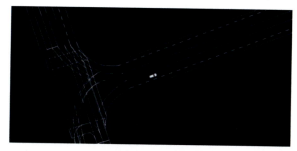

(a) 高精度电子地图和定位

(b) 障碍物识别

(c) 可通行空间检测

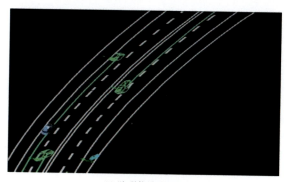

(d) 障碍物轨迹预测

图 2-22 激光雷达的功能

(a) 原始图像采集

(b) 图像灰度化

(c) 图像滤波

(d) 图像二值化

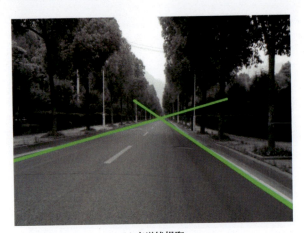

(e) 车道线提取

图 2-33　道路识别实例

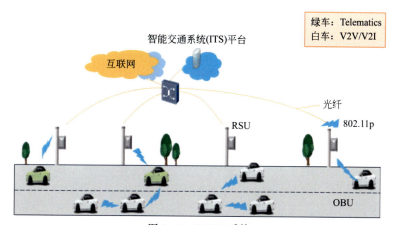

图 2-37　DSRC 系统

图 2-40　LTE-V 系统的组成

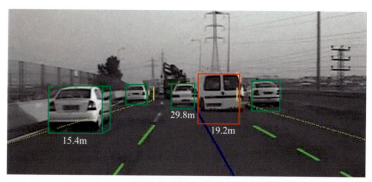

图 3-4　视觉传感器的障碍物距离测量

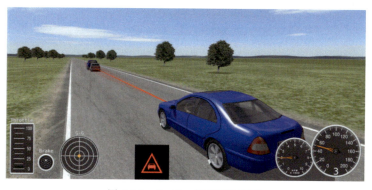

图 3-16　CarSim 仿真动画示例

图 4-14　单目视觉传感器拍摄的彩色原始图像

图 4-15　彩色原始图像转换成的灰度图像

图 4-16　感兴趣区域的确定

图 4-17　高斯滤波处理后的图像

图 4-22　检测出的车道线

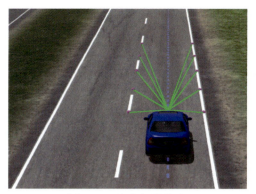

图 4-25　汽车初始状态

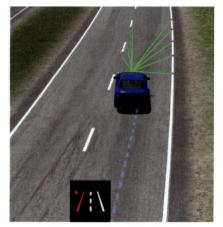 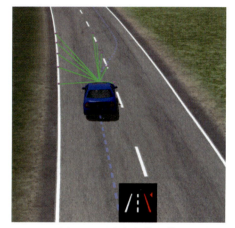

图 4-26　汽车左偏预警　　　　　　　　图 4-27　汽车右偏预警

图 5-10　灰度处理前后的效果

图 5-11　均值滤波处理前后的效果

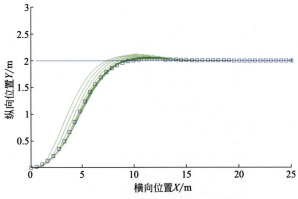

图 6-12 仿真得到汽车运动的轨迹

图 6-16 在 CarSim 中生成的初始位置偏离修正过程仿真动画截图

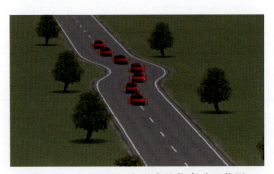

图 6-20 在 CarSim 中生成的仿真动画截图

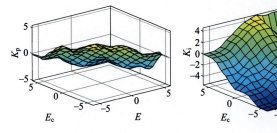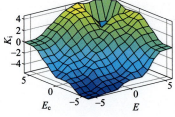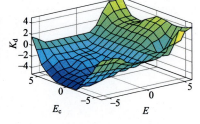

(a) 输入变量与 K_p 的特性曲线　　(b) 输入变量与 K_i 的特性曲线　　(c) 输入变量与 K_d 的特性曲线

图 7-16 输入与输出变量特性曲线

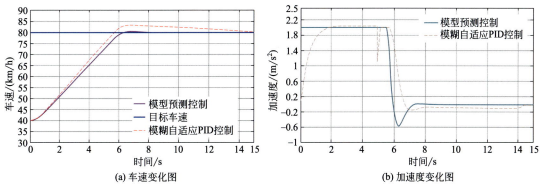

图 7-20 电动汽车巡航工况仿真

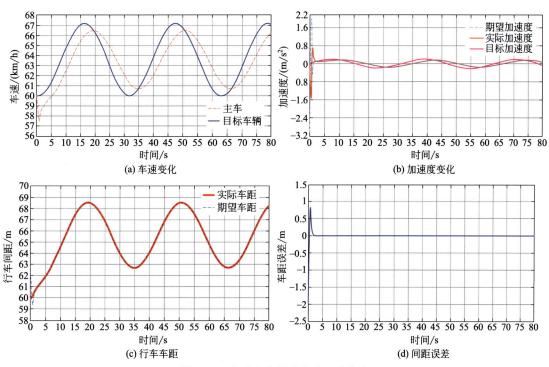

图 7-21 电动汽车频繁变速工况仿真

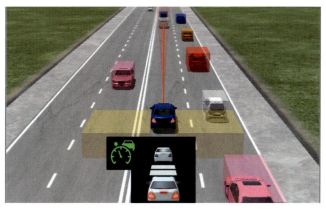

图 7-22 主车的行驶环境

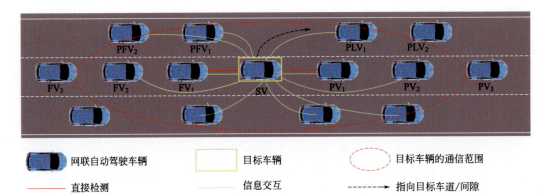

图 8-8 智能网联汽车自主换道情景示意

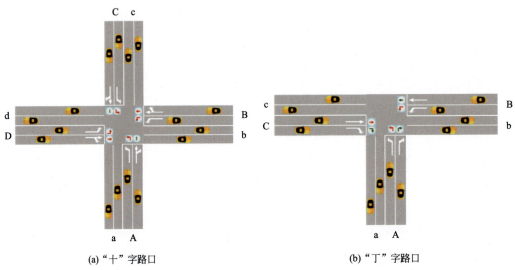

(a) "十"字路口　　　　　　　　　　(b) "丁"字路口

图 9-2 交叉口形式

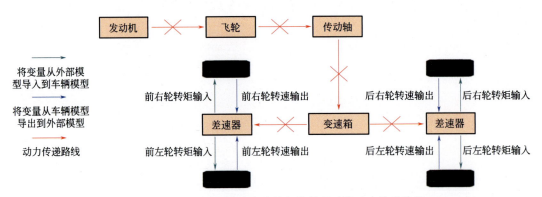

图 9-19 基于 CarSim 的分布式外部信号驱动的动力传递路线